日商 電子会計 実務検定試験 対策テキスト 3級

勘定奉行 i 11 対応版 **消費税10%**

公 式 テ キ ス ト

JN073270

実教出版

会計・経理は、業種や企業規模にかかわらず、あらゆる企業にとって重要な部門であり、出資者への報告や税務の申告という重要な目的を担っています。さらに、環境の変化がはげしい現在、「タイムリーな会計情報を経営の意思決定にどのように活用するか」ということは、企業発展のために必要不可欠なテーマとなっています。

今までの簿記の教科書では、「業務の流れ」と「会計知識」、そして「情報システム」の関係を説明しているテキストは少数でしたが企業内での業務がどのようなプロセスを経て流れていて、どのように関係するのかということは、大変重要な学習ポイントです。

日々の各業務で発生している帳簿や証ひょう類が、どのように会計処理されているのかを理解し、記録・集計された数値データを経営の意思決定に役立つ有用な情報として提供できる能力を備えたビジネスパーソンは、まさに企業が求めている人材像です。

企業の基幹業務は、財務会計をはじめとして、給与計算、販売管理、仕入・在庫管理、顧客管理などのさまざまなビジネスシーンがあります。また、決済システムとしては、EB(エレクトロニック・バンキング)システムとの連動が求められます。基幹業務システムを意識したうえで、財務会計の第一歩を学び始めることこそが、ビジネス界が求めるスキルを開発する革新的な教育プログラムのスタートといえます。

本書は、このようなキャリア開発プログラムの入門書であり、「勘定奉行」をベースに、財務会計システムを学習するテキストです。

また、同様の趣旨で創設された日本商工会議所主催の「電子会計実務検定試験」を受験するにあたり、最適な教材であると考えています。

企業が求めるスキルスタンダードを身につけるとともに、ライセンスを取得して、確かな自信にしてください。本書で学んだ皆さんのご活躍を期待申し上げます。

■基幹業務システムイメージ図

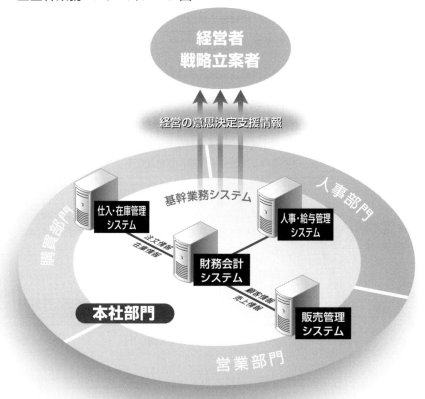

財務会計システムでは

　仕訳伝票を入力するだけで、元帳・合計残高試算表・決算報告書などの管理資料や財務諸表はもちろんのこと、経営状況を把握する為の多彩な分析資料までが、自動転記・集計され、簡単に作成できるようになっています。

給与計算システムでは

　支給・控除額を入力するだけで、総支給額や所得税などを自動計算します。給与明細書・源泉徴収簿・その他各種管理資料が自動的に作成できるだけでなく、月々処理してきたデータをもとに、年末調整や社会保険計算まで処理できます。

販売管理・在庫管理システムでは

　見積から受注・売上・請求・入金と複雑な販売業務の流れを強力にサポートします。また、仕入・在庫管理システムで発注から仕入・支払と面倒な在庫の管理をおこなうことができます。両システムとも、伝票を入力するだけで、売上に関しては、納品書・請求書の発行など、仕入に関しては支払・在庫の管理が自動的にできるだけでなく、得意先・仕入先・商品別・その他様々な角度からの管理資料が作成できます。

Contents

目次

第1章 簿記会計入門

Chapter 1

簿記会計の入門として、会計の全体像をとらえる事が
できるように、処理の流れのスタートにある「仕訳」の
構成要素を理解し、途中にある「帳簿」や「集計表」を、
そしてゴールにある「貸借対照表」と「損益計算書」が
何を表しているのかを理解しましょう。

第1章の学習用に勘定奉行i11用バックアップデータが下記サイトに用意されています。

URL https://www.obc.co.jp/obcisp/kyozai

データ名 株式会社OBCダイヤモンド(第1-2章)

『勘定奉行i11』をセットアップ後、バックアップデータを復元し、活用ください。

※勘定奉行i11体験プログラムと学習データのダウンロードは、本書巻末ページを参照ください。

※データの復元方法は、第3章 2-2 会計データの復元(38ページ)を参照ください。

※復元後のデータ選択は、第3章 2-3 会計データの選択(39ページ)を参照ください。

簿記会計入門

① 記録と集計

　簿記会計は、経営活動（取引）を記録、計算・集計して、企業の経営成績と財政状態をまとめます。会計情報として、経営成績を表す「損益計算書」と財政状態を表す「貸借対照表」を作成します。

　損益計算書では「収益」と「費用」、貸借対照表では「資産」「負債」「純資産」が集計されます。集計されたこれらの金額は、必ず記録されている会計データから導かれていなければなりません。そして、データ入力は、その証拠となる証ひょうにもとづいて入力されていることが求められます。

1-1 決算書の真実性

　企業の日々の経営活動は、簿記の原理・ルールを利用してデータを入力します。その際、必ず、証拠となる証ひょうから取引を記録し、入力します。証拠となる資料には、領収書や納品書、銀行口座への振込依頼書や社員の旅費精算書などがあり、証ひょう書類と呼ばれます。計算・集計された会計データは、客観的に調べることが可能であり、また跡づけができることにより真実なものとして保証されるのです。

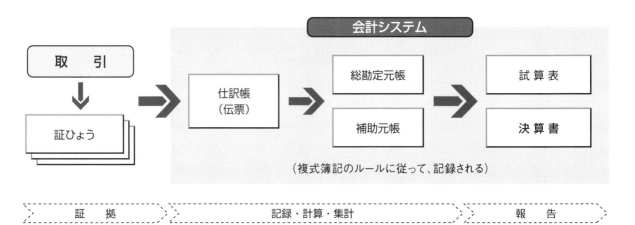

1-2 会計情報の活用

　複式簿記における記録、計算のルールを学ぶことにより、決算書（損益計算書、貸借対照表など）を見ることで、そこに集計された数値データから企業の毎日の経営活動を読み取ることができます。

　つまり、決算書が、数値データの一覧表から「情報」に変わるのです。この会計情報をもとに、さまざまな経営活動の意思決定をすることが可能になります。

　記録のルールとコンピュータによる計算・集計のシステムを学習し、会計情報を読み取れる力を身につけましょう。

② 仕訳のルール

簿記会計では、発生した取引を「原因」と「結果」に分解し、勘定科目を使って、仕訳という形式で記録します。勘定科目は、「収益」「費用」、「資産」「負債」「純資産」の5要素のいずれかに属しています。

仕訳では、2つ以上の勘定科目を使って、左側または右側に記録、この時、左側（借方という）と右側（貸方という）の合計は一致します。すなわち、仕訳とは、勘定科目を用いて5要素がどのように増加・減少したかを表す記録です。

2-1 資産・負債・純資産・収益・費用とは

資産・負債・純資産・収益・費用の内容は、次の通りです。また、実際の記録では、内訳として細分化された「科目」を利用します。

	左側（借方）	右側（貸方）
資　　産	増　加　＋	減　少　－
負　　債	減　少　－	増　加　＋
純　資　産	減　少　－	増　加　＋
収　　益	取消（減少）－	発生（増加）＋
費　　用	発生（増加）＋	取消（減少）－

資　産：現金や預金、購入した有価証券や土地・建物などの財産
　　　　（科目例：現金、商品、売掛金、備品、貸付金 など）

負　債：未払金や借入金など将来支払う義務のあるマイナスの財産
　　　　（科目例：買掛金、借入金、未払金 など）

純資産：株主から出資を受けた金額や経営によって獲得した利益
　　　　（科目例：資本金、利益剰余金 など）

収　益：商品の売上やサービス提供など、資産増加の原因となるもの
　　　　（科目例：売上高、受取手数料 など）

費　用：商品の仕入、給料や交通費など、資産減少の原因となるもの
　　　　（科目例：仕入高、給与手当、地代家賃 など）

2-2 仕訳の例題

取引を2つに分解することを仕訳と言います。次の取引を仕訳のルールに従って、分解してみましょう。

普通預金口座から水道代6,838円が引き落としとなった。

資　産		減　少　−
費　用	発生（増加）　+	

左側(借方)	右側(貸方)
水道光熱費　6,838	普通預金　6,838
費用の発生	資産の減少

本日のショップ売上は、17,500円であった。レジスタの日計表と確認したところ一致した。

左側(借方)	右側(貸方)
現金　17,500	売上高　17,500
資産の増加	収益の発生

2-3 仕訳の例題

借方と貸方が、1対1になっている仕訳を単一仕訳といい、2つ以上の場合を複合仕訳といいます。

例えば、普通預金口座から借入金の返済562,500円（元金500,000円、利息62,500円）が引き落としとなった取引について、下記のようにあわせて記録する場合を複合仕訳といいます。

仕訳のルールでは、借方の合計金額と貸方の合計金額は、一致しなければいけません。

振替伝票

借方科目	借方金額	貸方科目	貸方金額	摘　　要
長期借入金	500,000	普通預金	562,500	借入返済
支払利息	62,500			返済利息

データ入力と帳簿

　取引の入力は、伝票や帳簿から行います。会計ソフトを利用した場合、取引を入力することで、関連する帳簿や集計表が自動処理によって作成されます。集計の流れと各帳簿の役割をここでは確認しましょう。

 会計データの流れ

　勘定奉行を例にして、会計データの流れを示せば、次のとおりです。

〈会計データの流れ〉

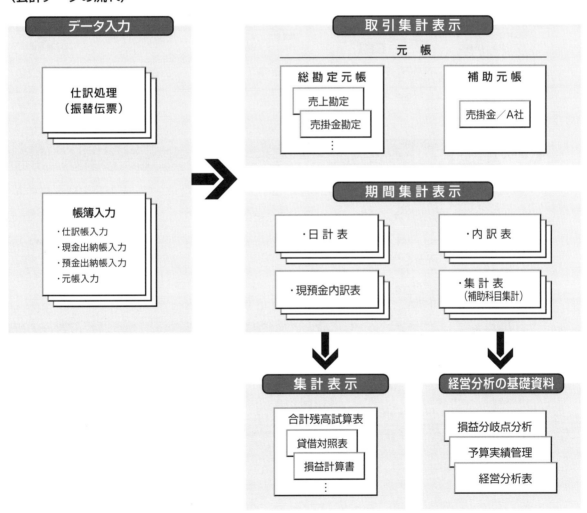

3-2 仕訳帳（仕訳伝票リスト）

仕訳帳の特長は、日付順にデータを表示します。経営活動を歴史的に記録する帳簿として重要です。

従来の学習簿記では、取引は仕訳帳に記入してから各帳簿へ転記しました。しかし、会計実務では、伝票が発達したため、電子会計における仕訳帳は、確認および修正する帳票としての位置づけが大きいです。

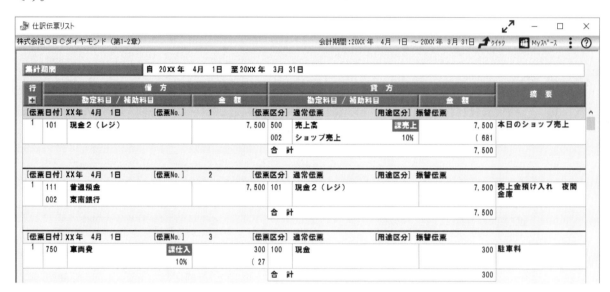

3-3 勘定元帳

勘定科目ごとに、その増加と減少を記録・計算します。したがって、売上高や仕入高のように勘定ごとの記録を調べる場合は、勘定元帳を調べることになります。

3-4 補助元帳

　電子会計では、勘定科目の内訳管理として「補助科目」を設定することができます。売掛金や買掛金の勘定だけでなく、売上高や預り金の各勘定に「補助科目」を設定することができます。設定された「補助科目」は、補助元帳として処理されます。例えば、売掛金勘定の「補助科目」として得意先ごとの「補助科目」を設定することで、入力時にその補助科目を指定して入力することになります。「補助科目」として入力した取引は、補助科目を設定した勘定科目へ自動的に再集計されます。

3-5 現金出納帳

　現金出納帳は、現金の出金、入金の取引についての明細および残高を記録する帳簿です。仕訳的には、勘定科目「現金」が必ず【借方】または【貸方】に記録される取引です。現金に関するデータ入力は、現金出納帳入力を利用することで、こづかい帳の感覚で処理できます。電子会計では当然、一度入力すれば、関係するすべての帳簿に自動的に転記・再集計されます。

現金出納帳入力						↗ − □ ×

株式会社ＯＢＣダイヤモンド〈第1-2章〉　　　　　　会計期間：20XX年　4月　1日 〜 20XX年　3月 31日　Myスペース ⑦

新規	通常伝票		振替伝票				

勘定科目	100	現金			補助科目			

年 月 日	勘定科目			補助科目		入金	出金	残高
伝票No.	摘要							
繰越残高								75,291
XX 05 19	740	旅費交通費	課仕入			10%	1,410	73,881
65	タクシー代						(128	
XX 05 19	740	旅費交通費	課仕入			10%	1,420	72,461
66	電車代						(129	
XX 05 20	748	新聞図書費	課仕入			10%	869	71,592
68	雑誌代						(79	
XX 05 20	135	売掛金		005	リトルライ㈱	4,762,890		4,834,482
71	リトルライ㈱　小切手　3月分							
XX 05 20	135	売掛金		006	㈱ココモ	967,450		5,801,932
72	㈱ココモ　小切手　3月分							
XX 05 20	111	普通預金		001	北西銀行		5,730,340	71,592
73	小切手預け入れ　2件							

3-6 預金出納帳

　預金の種類ごとに勘定科目を設定します。例えば、普通預金、当座預金、定期預金、定期積金などです。そのうえで、銀行・支店名、口座番号などの補助科目を設定します。つまり、普通預金勘定の内訳を銀行・支店名や口座番号の補助科目で管理しています。

勘 定 科 目	補 助 科 目
普 通 預 金	東京銀行　江戸支店　123456
	大阪銀行　難波支店　789123
当 座 預 金	東京銀行　江戸支店
	京都銀行　祇園支店

　普通預金などの通帳口座からデータを入力する場合などは、預金出納帳入力が便利です。また、小切手に関するデータ入力なども預金出納帳の当座預金を選択することで、入力を容易にします。

④ 集計表の種類

集計表では、集計する期間の範囲と集計する科目の範囲を指定する必要があります。どの範囲の科目をどの期間で集計するのかということです。

4-1 日計表

日計表とは、その日の入力を確認するために重要な集計表です。その日に入力した取引を確認してから業務を終えることは、経理処理の精度を高めます。さらに、期間を定めて、勘定科目ごとの増加金額、減少金額を集計・表示することもできます。勘定奉行では、下記のように条件を指定して、集計することが可能です。

```
            ┌ 日 次 （○年○月○日 ～○年○月○日）
  集計する期間 ┤
            └ 月 次 （月の範囲）

  勘定科目の範囲   △△ ～ ×× （税抜・税込）
```

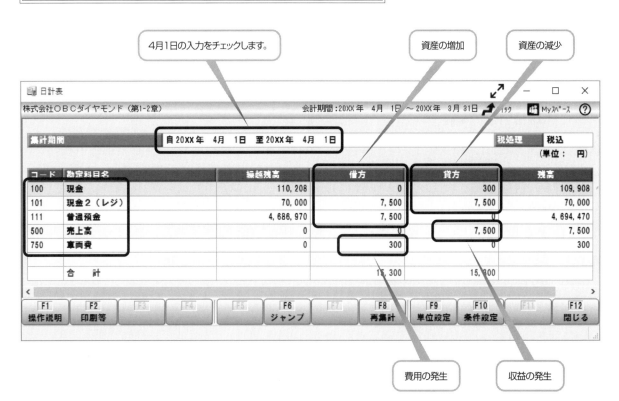

4月1日の入力をチェックします。　資産の増加　資産の減少

費用の発生　収益の発生

4-2 合計残高試算表

　合計残高試算表は、総勘定元帳の各勘定科目の借方・貸方合計と残高を一覧で表したものです。

　貸借対照表に属する勘定科目と損益計算書に属する勘定科目を集計したものですから、決算書の基礎になる集計表です。勘定奉行では、下記のような条件を指定して、集計することができます。

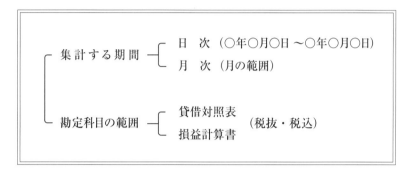

〈貸借対照表〉

コード	科目名	繰越残高	借方	貸方	残高	構成比
100	現金	110, 208	3, 971, 450	4, 040, 117	41, 541	0.1
101	現金2（レジ）	70, 000	428, 900	428, 900	70, 000	0.1
A1220	現金計	180, 208	4, 400, 350	4, 469, 017	111, 541	0.1
111	普通預金	4, 686, 970	28, 126, 277	12, 996, 447	19, 816, 800	23.9
A1230	預金計	4, 686, 970	28, 126, 277	12, 996, 447	19, 816, 800	23.9
A1200	現金及び預金計	4, 867, 178	32, 526, 627	17, 465, 464	19, 928, 341	24.1
135	売掛金	29, 489, 350	18, 378, 410	15, 879, 650	31, 988, 110	38.6
A1300	当座資産計	34, 356, 528	50, 905, 037	33, 345, 114	51, 916, 451	62.7
160	商品	31, 977, 920	25, 613, 645	31, 977, 920	25, 613, 645	30.9
A1400	棚卸資産計	31, 977, 920	25, 613, 645	31, 977, 920	25, 613, 645	30.9
180	立替金	0	0	3, 020	−3, 020	0.0
A1900	その他の流動資産	0	0	3, 020	−3, 020	0.0
A1100	流動資産計	66, 334, 448	76, 518, 682	65, 326, 054	77, 527, 076	93.6

　資産・負債・純資産の順に表示されています。指定された期間の増加と減少、そして残高が表示されています。負債は、他人から調達した資金を示し、純資産は自分が調達した資金を示しています。資産は、これらの資金をどのように運用しているかを説明した内容ですから負債と純資産の合計額に一致しなければなりません。

〈損益計算書〉

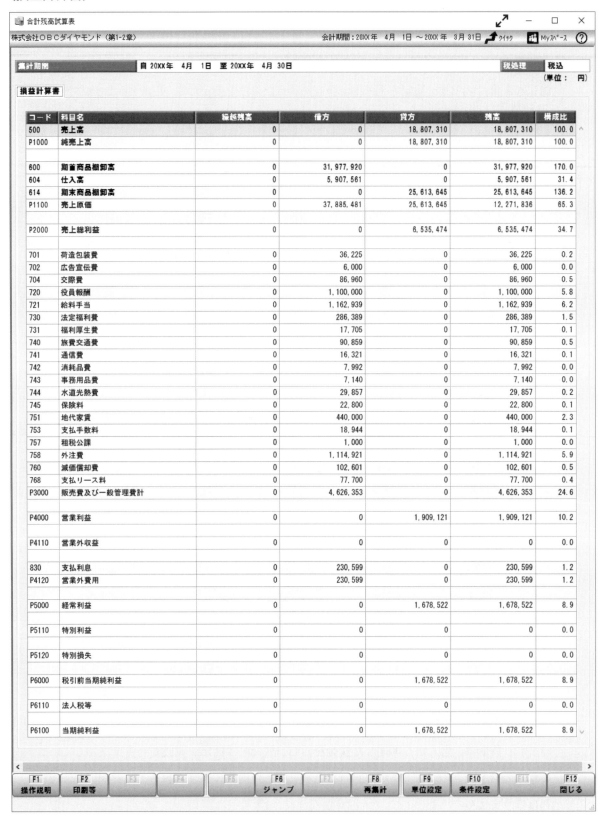

コード	科目名	繰越残高	借方	貸方	残高	構成比
500	売上高	0	0	18,807,310	18,807,310	100.0
P1000	純売上高	0	0	18,807,310	18,807,310	100.0
600	期首商品棚卸高	0	31,977,920	0	31,977,920	170.0
604	仕入高	0	5,907,561	0	5,907,561	31.4
614	期末商品棚卸高	0	0	25,613,645	25,613,645	136.2
P1100	売上原価	0	37,885,481	25,613,645	12,271,836	65.3
P2000	売上総利益	0	0	6,535,474	6,535,474	34.7
701	荷造包装費	0	36,225	0	36,225	0.2
702	広告宣伝費	0	6,000	0	6,000	0.0
704	交際費	0	86,960	0	86,960	0.5
720	役員報酬	0	1,100,000	0	1,100,000	5.8
721	給料手当	0	1,162,939	0	1,162,939	6.2
730	法定福利費	0	286,389	0	286,389	1.5
731	福利厚生費	0	17,705	0	17,705	0.1
740	旅費交通費	0	90,859	0	90,859	0.5
741	通信費	0	16,321	0	16,321	0.1
742	消耗品費	0	7,992	0	7,992	0.0
743	事務用品費	0	7,140	0	7,140	0.0
744	水道光熱費	0	29,857	0	29,857	0.2
745	保険料	0	22,800	0	22,800	0.1
751	地代家賃	0	440,000	0	440,000	2.3
753	支払手数料	0	18,944	0	18,944	0.1
757	租税公課	0	1,000	0	1,000	0.0
758	外注費	0	1,114,921	0	1,114,921	5.9
760	減価償却費	0	102,601	0	102,601	0.5
768	支払リース料	0	77,700	0	77,700	0.4
P3000	販売費及び一般管理費計	0	4,626,353	0	4,626,353	24.6
P4000	営業利益	0	0	1,909,121	1,909,121	10.2
P4110	営業外収益	0	0	0	0	0.0
830	支払利息	0	230,599	0	230,599	1.2
P4120	営業外費用	0	230,599	0	230,599	1.2
P5000	経常利益	0	0	1,678,522	1,678,522	8.9
P5110	特別利益	0	0	0	0	0.0
P5120	特別損失	0	0	0	0	0.0
P6000	税引前当期純利益	0	0	1,678,522	1,678,522	8.9
P6110	法人税等	0	0	0	0	0.0
P6100	当期純利益	0	0	1,678,522	1,678,522	8.9

売上高から売り上げた商品の原価部分（売上原価）を差し引き、売上総利益（粗利益）を算定します。販売費および一般管理費として発生した諸経費を差し引いて営業利益を計算します。

売上総利益は、商品を販売することから得られた利益で、この利益から諸経費を差し引いていきます。売上総利益が充分に得られないと経営活動を続けていくことが厳しくなります。

4-3 科目の内訳

勘定奉行では、「内訳表」の「科目別内訳表」を利用することで、指定した勘定科目、または補助科目の金額の推移（月別）を集計することができます。

さらに、「内訳表」の「補助科目内訳表」では、各勘定元帳の内訳として、補助科目ごとに集計した金額を表示・印刷することができます。

第2章 会計実務入門

Chapter **2**

　会計実務の知識として、基本業務の中からいくつか取り上げました。証拠となる「証ひょう」類からデータ入力をおこなうことが、決算書の真実性をささえます。その「証ひょう」類の内容を学びます。また、日常的に発生する経費について、対応する「勘定科目」を確認し、あわせて「領収書」の取り扱いについて説明します。

　現金預金、小切手などの現金預金の出納業務の基本知識を理解し、仕入・売上の営業取引へ進みます。

　最後に、給与関係についての知識を支給明細表との関係で説明しました。給与の支払いを受ける従業員としても、大切な知識です。

第2章の学習用に勘定奉行 i 11用バックアップデータが下記サイトに用意されています。

URL https://www.obc.co.jp/obcisp/kyozai

データ名 株式会社OBCダイヤモンド(第1-2章)

『勘定奉行 i 11』をセットアップ後、バックアップデータを復元し、活用ください。

　※勘定奉行 i 11体験プログラムと学習データのダウンロードは、本書巻末ページを参照ください。
　※データの復元方法は、第3章 2-2 会計データの復元(38ページ)を参照ください。
　※復元後のデータ選択は、第3章 2-3 会計データの選択(39ページ)を参照ください。

会計実務入門

① 証ひょうの種類と意味

　証ひょうとは、取引の発生を裏づける証拠となるものです。この証拠によって、データ入力をすることが可能になります。証拠にもとづかない入力は、たとえ実際に取引が発生したとしても事実と見なされません。事実と認められないとすれば、電子会計から集計された決算書も同様に事実と認められません。つまり、偽りの決算書ということになります。必ず、取引の発生を裏づける証ひょう類を確認して入力します。

1-1 証ひょう

　証ひょうとは、原始証ひょうとも呼ばれます。どんなものがあるのでしょうか。それぞれの取引と関係する証ひょう類をまとめると次のようになります。

企業外部	領収書	代金を支払ったときに、その証拠として受け取る。
	レジペーパー レシート	コンビニエンス・ストアやスーパーマーケットのレジスタから出力される代金領収の証拠。
	振込明細書	銀行の現金自動預入・支払機（ATM）による引出・振込時に出力される明細表。
	預金通帳	銀行預金の受け払い時に、預金通帳口座に記載されている明細。
企業内部	売上伝票・仕入伝票 納品書（控）	売上時、仕入時に、企業内で規定されている定型用紙。
	仮払請求書・在庫表	出張旅費の仮払時に、企業内で規定されている定型用紙。記名押印が必要です。または、在庫一覧表など。

❷ 経費の会計処理

　企業の営業活動にともなって、いろいろな費用が発生します。この費用のうち、販売に関する項目や営業を続けていくのに必要な費用を経費ということがあります。決算書では、経費を「販売費及び一般管理費」という項目で処理します。

2-1　経費の種類と勘定科目

　主な経費の勘定科目と内容は、次のとおりです。なお、勘定科目は、企業ごとにその実情に応じた名称の科目を設定します。下表は一般的な科目について、その内容を説明しています。

勘 定 科 目	内　　　　容
福 利 厚 生 費	従業員のためのお茶代やコーヒー代、会食、慶弔など慰安、福祉目的の支出。
消 耗 品 費	電球、蛍光灯、祝儀袋、ガムテープ、電池、コンピュータ本体や関連する消耗品、紙皿、コップ、割り箸 など。
事 務 用 品 費	消耗品費のうち特に管理すべきもので、コピー用紙代、プリンタトナー代、事務関係の消耗品費 など。
地 代 家 賃	事務所家賃、店舗、工場、倉庫、駐車場代 など。
保 険 料	火災保険、自動車保険、自賠責保険、損害保険、郵便保険、盗難保険 など。
租 税 公 課	固定資産税や償却資産税、収入印紙代など費用として認められる各種税金。
旅 費 交 通 費	電車代、タクシー代、通勤定期代、出張旅費、宿泊費、一時利用駐車料、高速代、営業車のガソリン代 など。
通 信 費	電話料金、携帯電話、切手代、ハガキ代、郵送料、パソコン通信 など。
水 道 光 熱 費	水道料、電気代、ガス料金、プロパンガス、灯袖代 など。
支 払 手 数 料	公認会計士・税理士等手数料、代理店手数料、銀行振込料などの各種手数料。
荷造運賃発送費	発送運賃、配送代、梱包費、小包代、宅配便 など。
広 告 宣 伝 費	雑誌掲載料、テレビCM、パンフレット、DM、看板、折込チラシ作成費、社名入りカレンダー、粗品、会社案内 など。
交 際 費	取引先との会食、親睦旅行代、御歳暮、御中元、お土産、贈答品、お車代、慶弔、ご祝儀 など。
新 聞 図 書 費	新聞購読料、雑誌購読料、書籍購入費、年間購読料 など。
車 両 費	管理目的から、ガソリン代、オイル代、点検代など車両関連費用を集計する場合に使用する科目。
雑 費	粗大ゴミ処分代など、どの経費にもなじまない費用。

2-2 経費の会計処理

　取引先から請求書が到着したら、記載されている明細や金額が正しいかどうか、社内の証ひょう類とつき合わせて確認します。継続的に支払条件が定められており、月ごとに支払っている場合は、請求書受領時に未払金（または買掛金）に計上します。

　取引先との取引条件によっては、毎月の締め日が月末以外の場合もあります。この場合には、請求期間と発生期間にずれが生じていますので、注意しましょう。

〈請求期間と発生期間のずれの場合〉

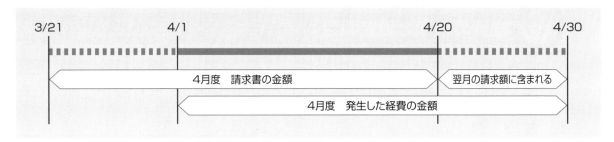

2-3 領収書の取り扱い

　領収書の作成、受取については、次のことが明確になっているかどうかを注意しましょう。

> ・いつ（日付）
> ・誰が（宛名）
> ・誰に対して（受領権者）
> ・いくら（金額）

　領収書に番号を付けて管理することは、会社の経理の管理体制がしっかりできていることを意味します。発行する側も受け取る側も重要です。また、宛名の欄に、「上様」という書き方がありますが、金額の大きい場合（消費税法上、3万円超）は厳禁です。少額でも明確に記載しましょう。

　また、金額欄は、金額を変造されないように、特に注意が必要です。

> ・金額は、チェックライターという金額を打ち込む道具を利用する。
>   または、漢数字で記入しましょう。
> ・数字の頭に「¥」「金」を入れ、最後に「※」「也（なり）」などを記載します。
> ・3桁ごとに「,（カンマ）」を打ちます。

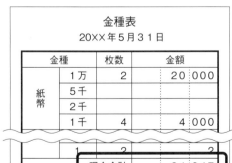

```
領　収　証

㈱OBCダイヤモンド 様    20XX年  5月 20日

★        ¥869

但  書籍代として
上記正に領収いたしました

内　訳
税抜金額        ¥790        ○○市○○町 X-X
消費税額等(10%) ¥79         TEL.03-XXXX-XXXX  FAX.03-XXXX-XXXX
                           五省堂書房
                           登録番号：T0000000000
```

領収書を受け取るときには、次のことを注意しましょう。

・ 金額が多額な場合は、会社名の印だけでなく、必ず代表取締役の名前が入っているもの。少額であれば、その名前の役職などから営業の代理権があるか否かを確認しましょう。

・ また、日付は、支払期日との関係で、延滞金を請求されることもあります。支払った日付を確認しましょう。

③ 現金の会計処理

　現金の管理は、毎日の日常処理の中で、大変重要な業務です。特に、入金、出金の際には、必ず、証拠となる証ひょう類を確かめて処理することが大切です。

　また、1日が終わった終業時に、現金残高を下記に示した金種表に書き込み、上司や他の担当と一緒に残高金額の確認をする場合もあります。

3-1 現金の管理と出納

　レジスタを利用する場合は、誰が入力したかを表すコードを入力したり、レジ担当者が替わる時に、レジ内の残高金額も一緒に入れ替える職場もあります。経理規定をよく理解して、規定通りに行動することが求められます。

金種表とは、現金の実際有り高をかぞえます。紙幣と硬貨の種類ごとにチェックし記載します。

　1日の終業時には、会計データと実際有り高の一致を確認して業務を終了します。前日の残高から当日の出入金を加減算して、翌日への繰越金額を記入します。

　会計データ（電子帳簿）における現金の帳簿残高は、現金出納帳や総勘定元帳の現金勘定によって確認できます。

●金種表で実際の残高を確認したうえで、入力結果を集計表示させて一致することを確認します。

現金の実際有り高と
一致していることを確認します。

3-2 仮払金の処理

　従業員が出張などで、現金を仮払いする場合は、規定の仮払請求書を作成し、署名・押印した証ひょうと引き替えに現金を仮払いします。メモ書きなどにより仮払いすることのないよう充分注意しましょう。

①仮払いする場合

　経理課は旅費などの仮払いの請求に対して、下記のような仮払票を作成させ、記名・押印したうえで提出を求めます。（システム上で処理される場合もあります。）

仮払依頼書・精算書	
日　付	20XX年 4月×日（×）
氏　名	XXXXXXXX
仮払日	20XX年 4月×日（×）
精算日	

仮払金額	￥ 60,000
〈内訳〉	
合　　計	
残　　金	

振替伝票		〈日 付〉4月X日　〈伝票No.〉XXX		
借方科目	借方金額	貸方科目	貸方金額	摘　　要
仮払金	60,000	現金	60,000	出張につき仮払　営業　平山
借方合計	60,000	貸方合計	60,000	

②精算する時

　出張から帰社したら、すみやかに出張中の領収書などを添付したうえで、精算書の提出を求めます。仮払精算書にもとづいて、該当する勘定科目へ振り替えます。

仮払依頼書・精算書

日　付	20XX年　4月X日（X）
氏　名	XXXXXXXX
仮払日	20XX年　4月X日（X）
精算日	20XX年　4月X日（X）

仮払金額	¥ 60,000
〈内訳〉旅費交通費	¥ 45,000
交際費	¥ 12,000
合　　計	¥ 57,000
残　　金	¥3,000

振替伝票		〈日 付〉4月X日　〈伝票No.〉XXX		
借方科目	借方金額	貸方科目	貸方金額	摘　　要
旅費交通費	45,000	仮払金	60,000	
交際費	12,000			
現金	3,000			
借方合計	60,000	貸方合計	60,000	

④ 預金の会計処理

　預金の種類には、普通預金、当座預金、定期預金、定期積金などがあります。その残高を正しく管理していなければ、決済口座の残高が不足して決済が遅れます。このようなことが発生すると企業の信頼を失うだけでなく、金融機関との取引業務に支障が発生します。

　また、振込入金、自動引落し、振込依頼、小切手による受け払いの会計処理について、決められた手続きを継続的に処理する必要があります。

4-1 預金管理と補助科目

　普通預金は、預金のうちで、もっとも一般的な預金です。社内に多額の現金を保管するのではなく、普通預金口座などに預け入れて保管します。また、普通預金は、取引先からの振込入金や支払先への振込みなどに利用することができます。

　水道料やガス代、電気、電話代などは、手続きをすることで支払期日に自動的に指定した預金口座から引き落とされます。これを「自動引落し」または「口座振替」といいます。通帳記入をしたときに、自動引落しがあったかどうかをチェックします。自動引落しが確認された場合は、引落しのあった日付で預金の減少と該当する勘定科目の仕訳を入力します。

　得意先から振込入金があった場合は、入金日の日付で掛け代金の回収として入力処理をします。預金通帳を確認しながらデータ入力をする場合は、預金出納帳の入力画面から入力することで容易に入力処理することができます。

　預金の内訳として、銀行名、支店名、口座番号を補助科目として設定します。預金通帳ごとに取引内容、残高を管理することが大切です。

勘 定 科 目	補 助 科 目
普 通 預 金	東京銀行　江戸支店　123456
	大阪銀行　難波支店　456789

　指定の口座に振り込む場合、振込手数料が発生します。当社がこれを負担する場合は、振込代金とは別途に支払う必要があります。通常、このような振込手数料は、支払手数料勘定で処理します。また、契約などにより先方が振込手数料を負担する場合は、支払代金から振込手数料を控除した金額を振り込みます。

　月末の預金残高を確認する際には、銀行休業日などにより、翌月の通帳残高と照合しなければならないことがあります。また、日々の預金残高もデータ処理した日付と不一致になる場合がありますので注意が必要です。

4-2 小切手の処理

　小切手は、取引銀行と当座取引契約を結んで、当座預金口座を開設します。小切手は現金と同等の価値がありますが、銀行を経由しないと現金化はできません。当座預金への入金は、当座勘定入金票に記入し、現金とともに預け入れるか、他の預金口座から振り替えます。また、引き出しは、小切手によっておこないます。

①小切手の作成

　OBCダイヤモンドが受け取った小切手を例にして、振り出した株式会社ココモの記入例を見てみましょう。

・小切手は、番号順に、「控え」の欄から記入します。この「控え」は、小切手のミミと呼ばれ、これを確かめながら右側の小切手を記入していきます。

・一般的に、金額はチェックライターという数字を入れる道具を利用します。

・振出日は、実際に振り出した日、振出地は住所を記入します。（印刷されている場合もあります。）

・銀行に届けた印鑑を使用し、署名または、記名します。

・「控え」と「小切手」の間に割印をするのが一般的です。

・誤って作成した小切手は、捨てないでバツ印などをいれてそのまま保管します。

②小切手の受取り

　小切手を受け取った場合は、記載事項が漏れなく記載されているかを確認してから受け取ります。小切手を銀行に持ち込み（呈示）、取立を依頼します。小切手の呈示期間は、振出日から10日以内ですが、振出日から1ヶ月ぐらいの間は、振出人に了解をとってから支払われるのが一般的です。なお、10日以内に休日、祭日が入ってもそのまま計算しますが、10日目が銀行休業日の場合は、翌営業日となります。

4-3 振込依頼書の作成

　振込依頼書は、当社の預金口座から取引先や従業員（給与支払）などの指定口座へ振り込むときに使用します。通常、振込指定日の日付で入力処理することで、預金通帳と同一の日付で振替金額を確認できます。

　また、取引銀行とファームバンキングやインターネットバンキングの契約をしている場合、振込依頼書に替えて、パソコン上で振込処理をおこないます。この場合は、パソコン上で振込明細書を確認後、必要に応じて印刷し保管します。

総合振込依頼書

1 枚中 1 枚

フリガナ	ＯＢＣダイヤモンド	振込指定日	XX年 4月30日	北西 銀行 御中
ご依頼人	(株)ＯＢＣダイヤモンド 様			
ご連絡先	00-0000-0000			

銀 行	支 店	預金種目	口座番号	フリガナ お 受 取 人	金　　額 円	電信指定	手数料 円	摘要
北西銀行	新宿	普当	1035123	キダ ジュンイチ 木田純一	644,771		0	
北西銀行	新宿	普当	1035456	キダ ヨウコ 木田陽子	248,070		0	
シティ銀行	中野	普当	1164824	サイトウ マコト 斎藤誠	306,974		440	
八大銀行	錦糸町	普当	1865822	ヒラヤマ カズヒロ 平山和宏	292,013		440	
京葉銀行	藤沢	普当	1525874	タケウチ ヤスオ 竹内康夫	278,740		440	
大成銀行	自由が丘	普当	1446917	アベ カズコ 阿部一子	87,834		440	
山手銀行	恵比寿	普当	1288725	マツバラ アイ 松原愛	77,992		440	
				小　計　　7 件	1,936,394	小計	2,200	
				合　計　　7	1,936,394	合計	2,200	

4-4 インターネットバンキング

　インターネットを利用して、銀行などの金融機関を利用することができます。このエレクトロニックバンキング（EB）と呼ばれる銀行提供のサービスの一つとして、インターネットバンキングがあります。

　金融機関に出向かずに、預金の残高照会や入出金照会、口座振込・振替を行うことができ、さらに、多くの金融機関で、土日祝日や夜間早朝でも利用可能となっています。また、銀行窓口で振込送金する場合より安い振込手数料であることもメリットの一つです。

北西銀行インターネットバンキング

振込受付結果　　　　　　　　20XX/4/25 11:20:36

【支払口座】

支 店 名	新宿支店
科　　目	普通
口座番号	XXXXXXX

【振込内容】

金融機関名	北西銀行
支 店 名	新宿支店
科　目	普通
口座番号	XXXXXXX
口座名義	モリエステート(カ
振込金額	440,000
振込手数料	0
引落金額	440,000
振込日	XXXX年4月28日

⑤ 商品仕入に関する会計処理

　商取引の一連の流れを確認し、どのタイミングで、どのような証ひょう類の受け渡しがあるのかを確認します。仕入高としてデータ入力するのは、どのような証ひょう類を証拠としてデータ入力をおこなうかが重要です。

5-1 見積書の依頼から納品まで

　商品の発注側は、後日のトラブルを防ぐためにも見積書を取って商品の仕様、金額、納期等を必ず確認します。受注側が注文の受注を意思表示して、はじめて取引が成立します。

　同じ種類の商品について、いくつかの取引先から見積書を取り寄せ、充分に比較検討します。その際、見積書の有効期限に注意しましょう。

〈取引の流れ〉

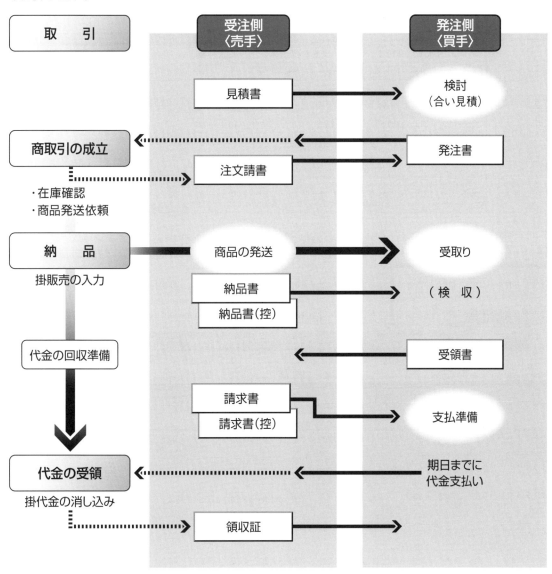

5-2 仕入伝票とデータ入力

　商品を仕入れた証拠となる証ひょうを確認してデータを入力します。例えば、納品書であったり、検収と同時に仕入伝票を起こしている場合は、仕入伝票（社内規定）が証拠となります。

　また、仕入を管理している業務ソフトなどにより、在庫データが提供されます。月中にそのつど入力する場合もありますが、月末に仕入先からの請求書とつき合わせて、一括してデータを入力することが一般的です。

請　求　書

20XX 年　5 月　31 日　締切分　　No.　5

〒 160-0023
東京都新宿区西新宿 X-X-X

株式会社　OBC ダイヤモンド　御中

お客様コード No.

クォーレ工業
131-0043　東京都墨田区立花 X-X-X
電話 03（XXXX）XXXX　ファクス 03（XXXX）XXXX
登録番号：T0000000000

毎度ありがとうございます。
下記の通り御請求申し上げます。

前回ご請求分	ご入金額	繰越金額	当月御取引額	消費税等		今回ご請求額
3,331,350	1,366,750	1,964,600	1,958,159	(178,014)		3,949,759

伝票日付	伝票No.	品番・品名	数量	単位	単　価	金　額	備　考
×-5-10	312	イヤリング・ゴールド・サードオニック	5	個	7,200	36,000	EF-107LH
×-5-10	312	イヤリング・ホワイトゴールド・ダイヤモンド	5	個	8,800	44,000	EF-108WH
×-5-10	312	イヤリング・ホワイトゴールド・サードオニック	5	個	6,200	31,000	EF-109WH
×-5-10	312	イヤリング・プラチナ・ガーネット	5	個	14,800	74,000	EF-110NH
×-5-11	313	イヤリング・プラチナ・真珠	10	個	16,700	167,000	EF-116NO
×-5-12	316	ピアス・ゴールド・ダイヤモンド	10	個	9,000	90,000	IO-136LM
×-5-12	316	ピアス・プラチナ・イエロージャスパー	10	個	17,700	177,000	IO-137NM
×-5-13	318	ピアス・ゴールド・イエロージェード	10	個	5,500	55,000	IG-119LM
×-5-13	318	ピアス・プラチナ・ラピスラズリ	10	個	13,400	134,000	IG-120NM

　月末締めの翌々月の10日払いですので、5月分の仕入高を掛仕入としてデータ入力します。

振替伝票　　　〈日　付〉5月31日　〈伝票No.〉XXX

借方科目	借方金額	貸方科目	貸方金額	摘　要
仕入高	1,958,159	買掛金 クォーレ工業	1,958,159	5月分 仕入高 クォーレ工業
借方合計	1,958,159	貸方合計	1,958,159	

6 商品売上に関する会計処理

　お得意先に対して見積書の発行から商品の受注、そして納品するとともに代金を請求し、代金を回収するまでが販売活動です。営業担当者と経理担当者は、会計データに関する顧客の情報を共有することが重要になります。

6-1 受注から商品発送まで

　販売の取引は、商品の受注、発送から代金の回収までが終了して、はじめて一区切りがつきます。特に、掛け販売の場合は、掛け代金の請求、回収まで一連の取引として確実に進めることが大切です。販売は営業担当で代金回収は経理課の担当だと言うことのないよう、責任もっておこないます。

6-2 売上伝票とデータ入力

　受注側（売手側）は、商品の発送をもって売上データを入力します。証拠となる証ひょうは、発送伝票とともに起票する売上伝票（社内規定）や納品書（控え）などです。また、実務では、販売管理ソフトで、販売取引を管理しています。月末に、販売管理の責任者（営業担当）から販売データが経理課へ受け渡されます。経理課は、得意先への請求書（控え）を確認して売上を月末に一括して入力するとともに来月以降の資金繰りを進めます。

請　求　書

No.

（発行日20XX年　5月　31日）

お客様コードNo. 0004

277－0841

千葉県柏市あけぼのX-X-X

株式会社　フォッブス　御中

TEL 04-XXXX-XXXX　FAX 04-XXXX-XXXX

株式会社　ＯＢＣダイヤモンド
〒160-0023　東京都新宿区西新宿X-X-X
TEL 03-XXXX-XXXX FAX 03-XXXX-XXXX
登録番号：T 0000000000

明細金額欄：金額は税込金額です。

毎度ありがとうございます。下記の通り御請求申し上げます。（20XX年　5月　31日 締切分）　　　　　　　　PAGE　1

前回御請求額	御入金額	調整額	差引繰越金額	税抜御買上額	消費税額等	今回御請求額
3,295,710	3,295,710	0	0	1,266,700	126,670	1,393,370

年月日	伝票No.	商　品　名	数量	単位	単価	金額
X 513		イヤリング・ゴールド・ダイヤモンド	5	個	3,400	17,000*
X 513		リング・ゴールド・ダイヤモンド	10	個	12,900	129,000*
X 513		ピアス・ゴールド・ダイヤモンド	10	個	12,600	126,000*
		【伝票計】				< 272,000>
X 516		リング・プラチナ・ダイヤモンド	5	個	23,700	118,500*
X 516		ピアス・プラチナ・イエロージャスパー	5	個	24,800	124,000*
X 516		イヤリング・ゴールド・サファイア	5	個	3,500	17,500*
		【伝票計】				< 260,000>
X 520		ネックレス・パール	10	個	23,000	230,000*
X 520		ピアス・プラチナ・トルマリン	5	個	16,800	84,000*
		【伝票計】				< 314,000>
X 521		ブローチ・プラチナ	1	個	39,800	39,800*
X 521		ブローチ・プラチナ	2	個	50,900	101,800*
		【伝票計】				< 141,600>
X 522		ネックレス・プラチナ	2	個	24,400	48,800*
X 522		ネックレス・プラチナ	2	個	20,900	41,800*
X 522		ネックレス・ゴールド	2	個	11,000	22,000*
X 522		ブローチ・プラチナ	1	個	39,000	39,000*
		【伝票計】				< 151,600>
X 526		ピアス・ゴールド・ダイヤモンド	5	個	12,900	64,500*
X 526		イヤリング・ホワイトゴールド・オパール	5	個	12,600	63,000*
		【伝票計】				< 127,500>

振替伝票				〈日 付〉5月31日	
借方科目	借方金額	貸方科目	貸方金額	摘　要	
売掛金 ㈱ フォッブス	1,393,370	売上高	1,393,370	5月分 掛け販売 ㈱ フォッブス様	
借方合計	1,393,370	貸方合計	1,393,370		

給与の支払に関する会計処理

給与支払に関する業務は、税法、社会保険制度などの知識も必要になります。また、給与関係を処理する業務ソフトとの連携も必要になります。まずは、基本的な知識を確認しましょう。

7-1 給与の種類と支払明細

給与明細表は、①勤怠項目、②支給項目、③控除項目の3つに分けることができます。

① 勤怠項目は、従業員の勤務状況を表したもので、固定賃金以外の変動する賃金計算の基礎になります。例えば、普通残業手当、休日手当、深夜残業手当などの計算をする場合の基礎データになります。なお、会計では、金額データを処理する為、勤怠項目は会計処理の対象にはなりません。

② 支給項目は、毎月固定的に支払われる基本給と勤怠項目により支給される各種の手当があります。また、勤怠項目とは関係ない家族手当・住宅手当・通勤手当（非課税）・食事手当の諸手当を支給する場合があります。なお、会計では、諸手当を区分して処理はせず、支給総額を会計処理の対象とします。また、その給与が製造部門の給与の場合は製造費用で、営業や管理部門の給与の場合は、営業費用で処理をします。

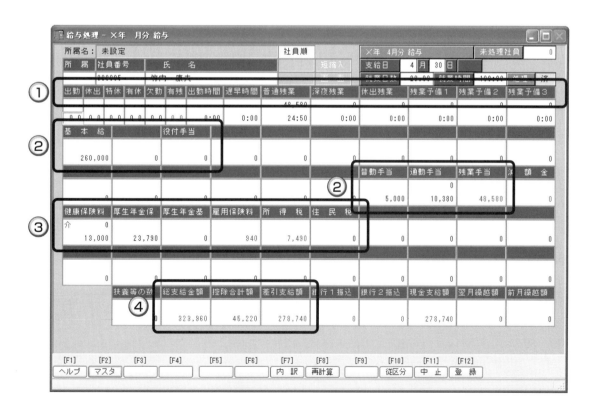

③ 控除項目は、法律によって控除される項目が決まっています。例えば、健康保険料・介護保険料・厚生年金保険料・雇用保険料・住民税・所得税などがあります。また、任意で積み立てる生命保険料や諸会費などが控除されます。控除項目の多くは、従業員から会社が一旦預って支払う性質の項目の為、会計では、預り金や立替金で処理をします。

- **健康保険料**………従業員は、自分の家族が病気やけがをした場合に備えて健康保険制度に加入します。保険料は、従業員と事業主が折半して負担します。
- **厚生年金保険料**…従業員は、老後の生活のために厚生年金保険に加入します。この保険料は従業員と事業主が折半して負担します。
- **雇用保険料**………失業したときに当面の生活費を補償してくれます。その掛け金も従業員と事業主が所定の比率で負担します。その他、仕事中にけがをしたり、通勤途中に事故にあった場合に補償される労災保険があります。労災保険は、事業主が全額負担します。雇用保険と労災保険をあわせて、労働保険と呼ばれることがあります。
- **源泉所得税**………従業員の給与の総支給額から通勤手当(非課税分)と社会保険料の控除後の金額に対して、所得税が課税されます。
- **住民税**……………都道府県や市区町村が所得に対して徴収する住民税は、前年の所得に対して課税され、給与から控除されます。

---

④ 差引支給額は、総支給金額から控除合計額を差し引いて算定します。

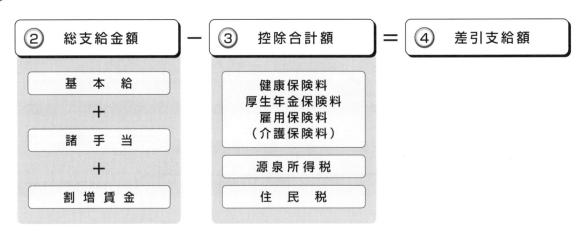

第3章 会計ソフト入門

Chapter

3

会計ソフトの特長は、自動転記、自動集計です。取引を入力すると関連する帳簿や集計表が自動作成されます。

会計ソフトは、大変便利な道具ですが、その利用においては、正規の簿記の原則の理解は強く求められます。また、経営的視点もなければ会計ソフトの能力を十分に引き出すこともできません。

ここでは、会計ソフトの基本を学習しましょう。

① 『勘定奉行 i 11』の起動と終了

『勘定奉行 i 11』を使って、複数の会計データを処理することが可能です。起動後、会社データを適切に選択・切替をおこないましょう。

1-1 『勘定奉行 i 11』の起動方法

プログラムを起動する基本的な手順は、Windowsのスタートボタンから起動する方法です。

【スタート】-【すべてのアプリ】-【奉行シリーズ】-【勘定奉行 i 11】をクリックします。

1-2 『勘定奉行 i 11』の終了方法

ウィンドウ右上にある閉じるボタンまたはメインメニューの終了をクリックします。

◆ボタンからの終了

①ボタンによるメニュー形式を選択している場合は、メインメニュー一番下の【終了】をクリックします。

②ウィンドウの【×】ボタンをクリックしても終了します。

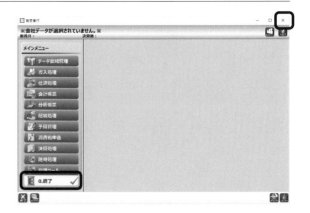

会計データの管理

　会計データは、事業所ごとに、年度単位で保存・管理します。会計データの重要度は非常に高いので、不測の事態に備えて定期的にバックアップをとります。また、バックアップデータは、必要に応じて、いつでも簡単に復元が可能です。

2-1　会計データの新規作成 ※電子会計実務検定試験では、データの新規作成は行いません。

① 【データ領域管理】－【3.データ領域作成】をクリックします。

② データ領域作成ウィザードが起動されます。画面の指示に従って、【次へ】ボタンをクリックし、ウィザードを完了しましょう。

2-2 会計データの復元

① 【データ領域管理】-【2.バックアップ/復元】-【2.バックアップ復元】をクリックします。

② バックアップモード、復元メディア、復元元フォルダを正しく指定し、【次へ】ボタンをクリックします。設定内容を確認し、再度【次へ】ボタンをクリックします。

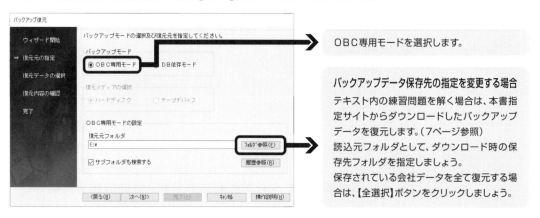

OBC専用モードを選択します。

バックアップデータ保存先の指定を変更する場合
テキスト内の練習問題を解く場合は、本書指定サイトからダウンロードしたバックアップデータを復元します。(7ページ参照)
読込元フォルダとして、ダウンロード時の保存先フォルダを指定しましょう。
保存されている会社データを全て復元する場合は、【全選択】ボタンをクリックしましょう。

③ 複数のデータをまとめて復元する場合は、②の操作の後、復元対象データの会社コード欄にあるチェックボックスにクリックでチェックを入れ、【次へ】ボタンをクリックします。
続く設定内容確認画面で最終確認後、【次へ】ボタンをクリックします。

2-3 会計データの選択

保存されている複数の会計データは、随時、切替えが可能です。

① 【データ領域管理】-【1.データ領域選択】をクリックします。

② 対象の会社データをクリックし、[Enter]キーを押します。

2-4 会計データの削除

※電子会計実務検定試験では、
データの削除は行いません。

① 【データ領域管理】-【4.データ領域保守】-【3.データ領域削除】をクリックした後、削除
対象の会社データをダブルクリックするか、クリックで指定後、[Enter]キーを押します。

② 確認メッセージに【OK】ボタンをクリックすれば、削除完了です。

③ 会計データの入力と関連帳簿

「株式会社OBCダイヤモンド(第3章)」を開き、実際の電子会計に触れてみましょう。

3-1 科目設定

※電子会計実務検定試験では、
科目設定は行いません。

電子会計では、会計ソフトを利用して、まず個々の会計データを保存するための領域を確保します。

この時、勘定科目は、標準的な科目体系が自動的にセットされます。まずは、サンプルデータを使って、科目体系と登録されている勘定科目を確認してみましょう。

①勘定科目

① 【導入処理】-【5.科目体系登録】-【1.勘定科目登録】をクリックします。

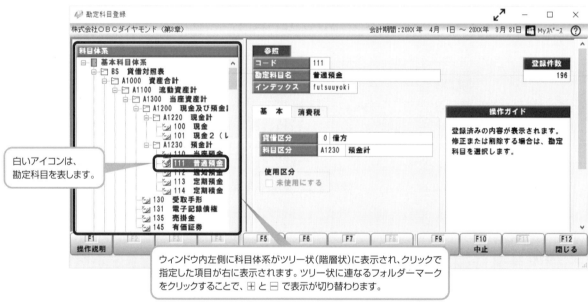

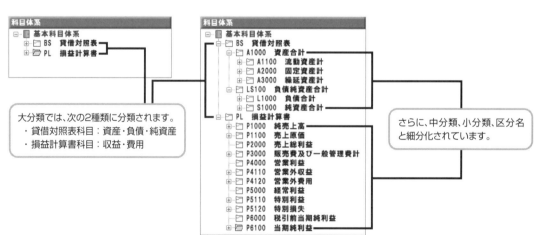

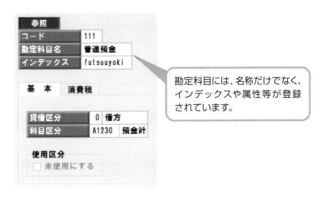

勘定科目には、名称だけでなく、インデックスや属性等が登録されています。

仕訳入力時の科目指定は、科目コード番号で行いますが、コード番号を使わずに、インデックスを利用して科目を呼び出すことも可能です。

コードや科目名称、インデックスを修正する場合は、対象の勘定科目をダブルクリックして行います。

②補助科目

勘定科目の内訳管理として活用されるのが、補助科目です。一部を除き、自由に追加・修正・削除が可能です。

① 【導入処理】-【5.科目体系登録】-【2.補助科目登録】をクリックします。

② 勘定科目コード欄に、「111」と入力し、普通預金に設定されている補助科目を確認してみましょう。

登録済みの補助科目

③ 補助科目を追加する場合は、コード欄に新しいコード番号を入力後、補助科目名とインデックスを入力します。

3-2 会計データの入力方法

　入力方法は、次の通りです。いずれの入力方法からでも、同じ内容の帳票が完成します。

　したがって、入力方法を伝票入力中心か、帳簿入力中心かは、会社ごとに異なります。会社の経理体制によることになります。ただし、複合取引は、振替伝票でのみ入力可能です。

＜勘定奉行ｉ11のメニュー＞		＜入力内容＞	＜形式＞
仕訳処理（伝票入力）		振替伝票を使って、あらゆる取引を仕訳入力	単一取引 複合取引
帳簿入力	仕訳帳入力	あらゆる仕訳を単一取引の形式で仕訳入力	単一取引
	現金出納帳入力	現金の入出金について帳簿形式で入力	単一取引
	預金出納帳入力	預金の増減について帳簿形式で入力	単一取引
	元帳入力	科目別にあらゆる取引を帳簿形式で入力	単一取引

単一取引と複合取引について

単一取引＝1:1の取引
　例：〈借方〉普通預金 50,000　　〈貸方〉現金 50,000　　〈摘要〉預け入れ

複合取引＝1:複数、複数:1、複数:複数の取引
　例：〈借方〉租税公課 10,000　　〈貸方〉現金 50,000　　〈摘要〉収入印紙　郵便局
　　　〈借方〉通 信 費 40,000　　　　　　　　　　　　〈摘要〉切手代　郵便局

現金出納帳入力・預金出納帳入力・元帳入力の利点

・残高を確認しながら入力することができる。

・仕訳（伝票入力・仕訳帳入力）では、借方と貸方、2つ以上の科目を入力しなければならないが、相手科目だけで済ませられる。

〈仕訳処理〉

〈帳簿入力〉

3-3 入力方法① 伝票入力（仕訳処理）

【仕訳処理】－【1.仕訳処理】をクリックし、仕訳処理（振替伝票）の画面を開きましょう。

別ウィンドウで開かれた仕訳処理画面の配置と大きさをドラッグで適切に調整しましょう。

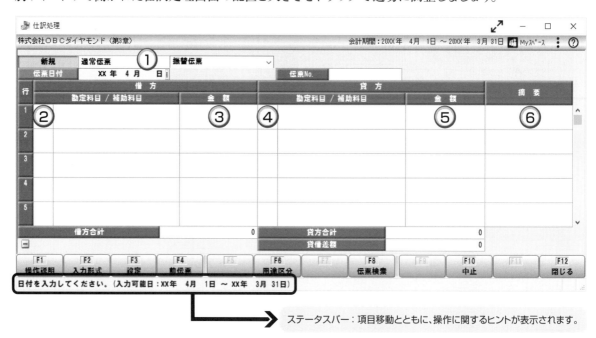

ステータスバー：項目移動とともに、操作に関するヒントが表示されます。

入力項目

① 伝票日付　② 借方科目　③ 借方金額　④ 貸方科目　⑤ 貸方金額　⑥ 摘要

入力でのキー操作

項目 移動：[Enter] または [Tab]　戻る：[Shift]＋[Tab] または [クリック]　上下：[↑]、[↓]

科目 上段複写：[＋]　検索：[(Space)]　選択：[↓]、[↑]　決定：[Enter]

金額 反対貸借金額：[＋]　貸借差額：[＊]

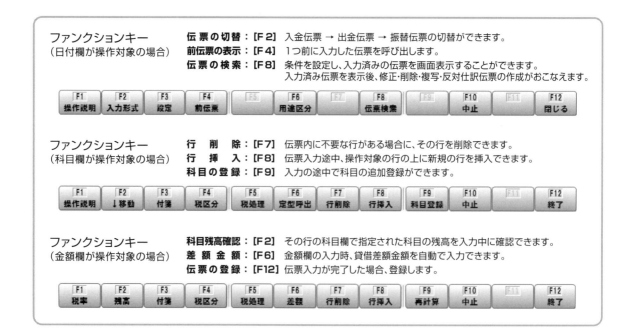

ファンクションキー
（日付欄が操作対象の場合）

伝票の切替：[F2] 入金伝票 → 出金伝票 → 振替伝票の切替ができます。
前伝票の表示：[F4] 1つ前に入力した伝票を呼び出します。
伝票の検索：[F8] 条件を設定し、入力済みの伝票を画面表示することができます。
入力済み伝票を表示後、修正・削除・複写・反対仕訳伝票の作成がおこなえます。

ファンクションキー
（科目欄が操作対象の場合）

行　削　除：[F7] 伝票内に不要な行がある場合に、その行を削除できます。
行　挿　入：[F8] 伝票入力途中、操作対象の行の上に新規の行を挿入できます。
科目の登録：[F9] 入力の途中で科目の追加登録ができます。

ファンクションキー
（金額欄が操作対象の場合）

科目残高確認：[F2] その行の科目欄で指定された科目の残高を入力中に確認できます。
差額金額：[F6] 金額欄の入力時、貸借差額金額を自動で入力できます。
伝票の登録：[F12] 伝票入力が完了した場合、登録します。

◆次の取引を入力してみましょう

例題1

4月20日に、普通預金口座（北西銀行）から電話代25,300円が引き落とされた。

【伝票日付】4月20日 　　【借方科目】通信費 　　【貸方科目】普通預金（内訳：北西銀行）

①	XX 年 4 月 ■ 1 日	日付の入力：[20]と入力し、[Enter]キーを押します。 ※年または月を修正する場合は、[←]キーまたは該当欄をクリックして行います。
②	行 借 方 勘定科目 / 補助科目 1	借方科目の入力：科目コード[741]と入力します。 ※科目コードがわからない場合は、[スペース]キーで、科目検索が可能です。 ※勘定科目の内訳である補助科目がある場合は、続けて、補助科目コードを入力します。
③	金 額 0	借方金額の入力：金額[25300]と入力し、[Enter]キーを押します。
④	貸 方 勘定科目 / 補助科目	貸方科目の入力：勘定科目コード[111]と入力します。 続けて、補助科目コード[1]と入力し、[Enter]キーを押します。 ※科目コードがわからない場合は、[スペース]キーで、科目検索が可能です。
⑤	金 額 0	貸方金額の入力：[+]キーを押します。 ※[+]キーで反対貸借金額が自動処理されます。
⑥	摘 要	摘要文の入力：「電話代」と入力しましょう。 ※摘要コードでの登録済み摘要文の選択もできますが、今回は使いません。
⑦		[F12]キーを押し、入力を終了後、再度[F12]キーを押して、登録します。

例題2

例題1で入力した取引を呼び出して、金額を[23,500円]に修正しましょう。

仕訳処理の画面から、【F4前伝票】ボタンをクリックします。

入力内容に誤りがある場合、【F9修正】ボタンをクリックした後、修正箇所をクリックし、編集します。

修正後、[F12]キーを2回押して登録を完了します。

※[F4]キーを使って、前伝票をめくり、[F5]キーで次伝票をめくることができます。

例題3

例題2で修正した取引を呼び出し、削除しましょう。

仕訳処理の画面から、[F4]キーを押します。登録済みの前伝票が表示されます。

[F7]キーを押し、確認メッセージに[Enter]キーを押して削除を完了します。

例題4　4／26

ヤマネ急便㈱から、商品代引き発送分の代金が集金手数料、振込手数料を差し引かれて、普通預金東南銀行口座に振り込まれた。

・振込入金額：6,692円、集金手数料：288円、振込手数料：220円

振替伝票				〈日 付〉4月26日
借方科目	借方金額	貸方科目	貸方金額	摘　要
普通預金 東南銀行	6,692	売掛金 ヤマネ急便㈱	7,200	ヤマネ急便㈱　振込入金
支払手数料	288			ヤマネ急便㈱　集金手数料
支払手数料	220			ヤマネ急便㈱　振込手数料
借方合計	7,200	貸方合計	7,200	

※科目を検索する場合は、[スペース]キー
※上段にある勘定科目と同じ勘定科目を指定する場合は、[＋]キー

例題5　4／28

当月分給料手当を普通預金北西銀行口座から、振り込んだ。

・役員報酬総額：2名	1,100,000円	・社会保険料預かり額	279,225円
・給料支給総額：5名	1,162,939円	・雇用保険料徴収額	3,020円
・通勤費総額	35,260円	・源泉所得税預かり額	79,560円
・振込手数料総額	2,200円	・振込額合計	1,938,594円

振替伝票				〈日 付〉4月28日
借方科目	借方金額	貸方科目	貸方金額	摘　要
役員報酬	1,100,000	預り金 社会保険料	279,225	4月度給与
給料手当	1,162,939	立替金 雇用保険料	3,020	4月度給与
旅費交通費	35,260	預り金 源泉所得税	79,560	4月度給与
支払手数料	2,200	普通預金 北西銀行	1,938,594	4月度給与
借方合計	2,300,399	貸方合計	2,300,399	

月末の帳簿棚卸金額は次の通りである。
・3月末分　棚卸金額 31,977,920円　　　　　・4月末分　棚卸金額 25,613,645円

振替伝票		〈日　付〉4月30日		
借方科目	借方金額	貸方科目	貸方金額	摘　要
期首商品棚卸高	31,977,920	商品	31,977,920	期首棚卸高　振替
商品	25,613,645	期末商品棚卸高	25,613,645	当月末棚卸高　振替
借方合計	57,591,565	貸方合計	57,591,565	

※借方金額と同額を貸方金額で入力する場合は、[＋]キー

当月分減価償却費は次の通りである。
・車両運搬具　当月分減価償却費 72,000円　　　・工具器具備品　当月分減価償却費 30,601円

振替伝票		〈日　付〉4月30日		
借方科目	借方金額	貸方科目	貸方金額	摘　要
減価償却費	72,000	減価償却累計額	72,000	車両運搬具　当月分減価償却費
減価償却費	30,601	減価償却累計額	30,601	工具器具備品　当月分減価償却費
借方合計	102,601	貸方合計	102,601	

※上段にある勘定科目と同じ勘定科目を指定する場合は、[＋]キー

3-4 入力方法② 仕訳帳入力

仕訳帳では、あらゆる科目を使って、取引を入力することが可能です。ただし、1:1の単一取引のみとなります。【仕訳処理】-【3.帳簿入力】-【1.仕訳帳入力】をクリックします。

別ウィンドウで開かれた仕訳処理画面の配置と大きさをドラッグで適切に調整しましょう。

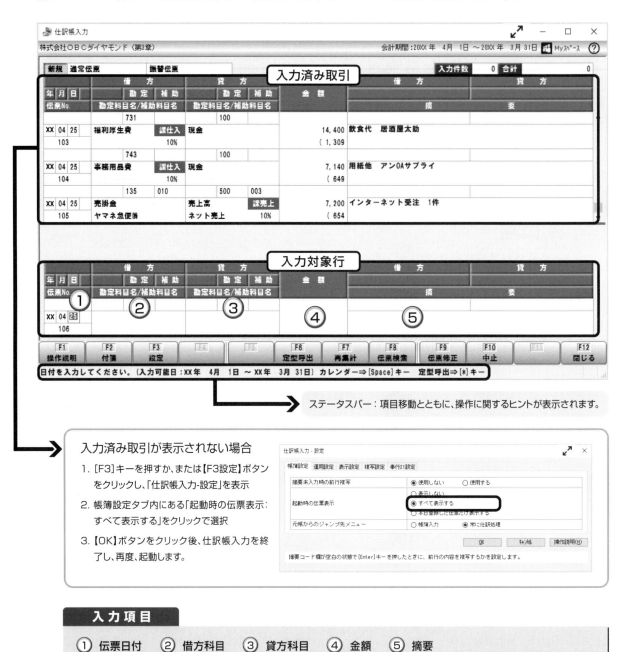

ステータスバー：項目移動とともに、操作に関するヒントが表示されます。

入力済み取引が表示されない場合

1. [F3]キーを押すか、または【F3設定】ボタンをクリックし、「仕訳帳入力-設定」を表示

2. 帳簿設定タブ内にある「起動時の伝票表示：すべて表示する」をクリックで選択

3. 【OK】ボタンをクリック後、仕訳帳入力を終了し、再度、起動します。

入力項目

① 伝票日付　② 借方科目　③ 貸方科目　④ 金額　⑤ 摘要

※ここでは、単一取引（1:1の取引）のみ入力可能です。

◆次の取引を入力してみましょう

例題8

4月28日のインターネット（ヤマネ急便㈱利用）での売上総額は、12件148,600円であった。

【伝票日付】4月28日　【借方科目】売掛金（内訳：ヤマネ急便㈱）　【貸方科目】売上高（内訳：ネット売上）
【金額】148,600円　【摘要】インターネット受注 12件

①	年 月 日 / 伝票No. / XX 04 28	日付の入力：[28]と入力し、[Enter]キーを押します。 ※年または月を修正する場合は、[←]キーまたは該当欄をクリックして行います。
②	借　方 / 勘定 補助 / 勘定科目名/補助科目名	借方勘定科目の入力：科目コード[135]と入力します。 ※科目コードがわからない場合は、[スペース]キーで、科目検索が可能です。 ※画面上部の入力済み取引も参考情報として活用しましょう。
	借　方 / 勘定 補助 / 勘定科目名/補助科目名 / 135 / 売掛金	借方補助科目の入力：科目コード[10]と入力し、[Enter]キーを押します。 ※科目コードがわからない場合は、[スペース]キーで、科目検索が可能です。 ※画面上部の入力済み取引も参考情報として活用しましょう。
③	貸　方 / 勘定 補助 / 勘定科目名/補助科目名	貸方勘定科目の入力：科目コード[500]と入力します。 ※科目コードがわからない場合は、[スペース]キーで、科目検索が可能です。 ※画面上部の入力済み取引も参考情報として活用しましょう。
	貸　方 / 勘定 補助 / 勘定科目名/補助科目名 / 500 / 売上高　課売上 10%	貸方補助科目の入力：科目コード[3]と入力し、[Enter]キーを押します。 ※科目コードがわからない場合は、[スペース]キーで、科目検索が可能です。 ※画面上部の入力済み取引も参考情報として活用しましょう。
④	金　額	金額の入力：[148600]と入力し、[Enter]キーを押します。
⑤	借　方　　貸　方 / 摘　要	摘要文の入力：[インターネット受注 12件]と入力しましょう。
⑥		[Enter]キーを押し、登録します。

例題9

例題8で入力した取引の摘要文について、12件を13件に修正しましょう。

1. 入力済み取引欄に表示されている対象取引をクリックで指定後、【F9修正】ボタンをクリックします。

2. 入力欄に表示された取引の修正箇所をクリックで選択し、修正します。
3. [Enter]キーで確定します。

例題10

例題9で修正した取引を削除しましょう。

1. 入力済み取引欄に表示されている対象取引をダブルクリックし、
【削除】ボタンをクリックします。

仕訳帳入力		↗ ×
修正(U)	削除(D)	複写(C)
		キャンセル

2. 確認メッセージボックスの【OK】ボタンをクリックします。
3. 入力を再開する場合は、[F10]キーを押します。

例題11　4/29

本日のショップ売上は、44,500円であった。東南銀行夜間金庫に預け入れた。

仕訳帳		〈日　付〉4月29日		
日　付	借方科目	貸方科目	金　額	摘　要
4月29日	現金2(レジ)	売上高 ショップ売上	44,500	本日のショップ売上
4月29日	普通預金 東南銀行	現金2(レジ)	44,500	売上金預け入れ　夜間金庫

例題12　4/26

駐車料600円を現金で支払った。

仕訳帳		〈日　付〉4月26日		
日　付	借方科目	貸方科目	金　額	摘　要
4月26日	旅費交通費	現金	600	駐車料

例題13　4/28

お茶代2,470円を現金で支払った。

仕訳帳		〈日　付〉4月28日		
日　付	借方科目	貸方科目	金　額	摘　要
4月28日	福利厚生費	現金	2,470	お茶代 スパーストア

配送を委託しているヤマネ急便㈱の当月分運送料請求額は、36,225円であった。

仕訳帳			〈日　付〉4月30日		
日　付	借方科目	貸方科目	金　額	摘　要	
4月30日	荷造包装費	未払金 ヤマネ急便㈱	36,225	ヤマネ急便㈱　4月分運送料	

月末締めの外注先㈲クラフト設計、グランデザイン工房、㈲マーカーズとの当月取引金額は次の通りである。
- ・㈲クラフト設計　552,552円（税込）　　　・グランデザイン工房　129,360円（税込）
- ・㈲マーカーズ　433,009円（税込）

仕訳帳			〈日　付〉4月30日		
日　付	借方科目	貸方科目	金　額	摘　要	
4月30日	外注費	未払金 ㈲クラフト設計	552,552	㈲クラフト設計　4月分外注高	
4月30日	外注費	未払金 グランデザイン工房	129,360	グランデザイン工房　4月分外注高	
4月30日	外注費	未払金 ㈲マーカーズ	433,009	㈲マーカーズ　4月分外注高	

※上段にある勘定科目と同じ勘定科目を指定する場合は、[Enter]キー

3-5 入力方法③ 現金出納帳入力

現金出納帳では、現金の入金取引及び出金取引を入力することが可能です。

ただし、1：1の単一取引のみとなります。入力済みの取引に関しては、複合取引も含めて表示されます。

【仕訳処理】－【3.帳簿入力】－【2.現金出納帳入力】をクリックします。

別ウィンドウで開かれた仕訳処理画面の配置と大きさをドラッグで適切に調整しましょう。

勘定科目指定欄に、[100]と入力し、現金を指定します。

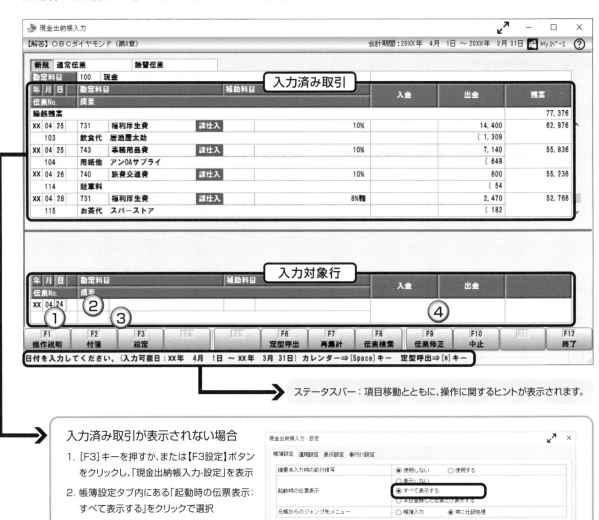

ステータスバー：項目移動とともに、操作に関するヒントが表示されます。

入力済み取引が表示されない場合

1. [F3]キーを押すか、または【F3設定】ボタンをクリックし、「現金出納帳入力-設定」を表示

2. 帳簿設定タブ内にある「起動時の伝票表示：すべて表示する」をクリックで選択

3. 【OK】ボタンをクリック後、仕訳帳入力を終了し、再度、起動します。

入力済み取引について

文字の表示が薄く見える取引は、複合取引の行です。この場合、現金出納帳では、修正や削除が行えないため、仕訳処理、仕訳伝票リスト（後述）または元帳（会計帳票）で行います。

入力項目

① 伝票日付　② 相手科目　③ 摘要　④ 入金額 または 出金額

※ここでは、単一取引(1：1の取引)のみ入力可能です。

◆次の取引を入力してみましょう

例題16

4月28日の顧客接待のために支出した飲料代780円を現金で支払った。

【伝票日付】4月28日　　【相手科目】交際費　　【摘要】顧客接待飲料代　　【出金額】780円

①		日付の入力 ：[28]と入力し、[Enter]キーを押します。 ※年または月を修正する場合は、[←]キーまたは該当欄をクリックして行います。
②		相手勘定科目の検索 ：[スペース]キーを押します。 ※科目コードがわかる場合は、科目コード番号を直接入力します。 ※画面上部の入力済み取引も参考情報として活用しましょう。
		科目には、科目名称と同じローマ字のインデックスが設定されています。科目名称やコード番号、インデックスを使って科目の検索ができます。インデックスを使う場合は、左上の検索条件を「インデックス検索」に切り替え、条件欄に入力します。該当の科目を選択し、[Enter]キーで確定します。
③		摘要文の入力 ：[顧客接待飲料代]と入力しましょう。
④		金額の入力 ：[780]と入力し、[Enter]キーを押します。
⑤		消費税額が表示されます。 確認後、[Enter]キーを押し、登録を完了します。

例題17

例題16で修正した取引を削除しましょう。

1. 入力済み取引欄に表示されている対象取引をダブルクリックし、【削除】ボタンをクリックします。

2. 確認メッセージボックスの【OK】ボタンをクリックします。
3. 入力を再開する場合は、[F10]キーを押します。

例題18　4／26

折り込み広告代を6,000円、現金で支払った。

現金出納帳				
日　付	勘定科目	補助科目	入　金	出　金
伝票番号	摘　要			
4月26日	広告宣伝費			6,000
	折り込み広告代			

※ 金額欄で「000」を入力する場合は、［／］キー

例題19　4／26

OA用紙他事務用品7,140円をアンOAサプライにて現金で購入した。

現金出納帳				
日　付	勘定科目	補助科目	入　金	出　金
伝票番号	摘　要			
4月26日	事務用品費			7,140
	用紙代　アンOAサプライ			

例題20　4／29

駐車料300円を現金で支払った。

現金出納帳				
日　付	勘定科目	補助科目	入　金	出　金
伝票番号	摘　要			
4月29日	旅費交通費			300
	駐車料			

例題21　4／30

200円の印紙を5枚購入し、代金1,000円を現金で支払った。

現金出納帳				
日　付	勘定科目	補助科目	入　金	出　金
伝票番号	摘　要			
4月30日	租税公課			1,000
	印紙代　@200×5枚			

例題22　4/30

4月分書籍購読料3,925円を現金で支払った。

現金出納帳

日　付	勘定科目	補助科目	入　金	出　金
伝票番号	摘　要			
4月30日	消耗品費			
	定期書籍購読料			3,925

※消耗品費のインデックス：[syoumouhin]

例題23　4/30

本日のショップ売上は、現金で54,800円であった。[101 現金2(レジ)]を使用。

現金出納帳

日　付	勘定科目	補助科目	入　金	出　金
伝票番号	摘　要			
4月30日	売上高	ショップ売上		
	本日のショップ売上		54,800	

※【F12終了】ボタンをクリックし、勘定科目：101 現金2(レジ)を指定します。

例題24　4/30

本日のショップ売上54,800円を東南銀行夜間金庫に預け入れた。[101 現金2(レジ)]を使用。

現金出納帳

日　付	勘定科目	補助科目	入　金	出　金
伝票番号	摘　要			
4月30日	普通預金	東南銀行		
	売上金預け入れ　夜間金庫			54,800

3-6 入力方法④ 預金出納帳入力

　預金には、当座預金、普通預金、定期預金など用途別に複数の種類があります。

　通常、預金の種類別に勘定科目を分け、口座別に補助科目を設けます。預金出納帳は、勘定科目および補助科目を指定し、口座別に入金取引及び出金取引を入力する処理方法です。

　入力にあたっては、1：1の単一取引のみとなります。ただし、入力済みの取引に関しては、複合取引も含めて表示されます。

◆預金出納帳ウィンドウの準備

【仕訳処理】-【3.帳簿入力】-【3.預金出納帳入力】をクリックします。

① ［111］と入力し、
　普通預金を指定します。

② ［1］と入力し、
　北西銀行を指定します。

◆預金出納帳の入力

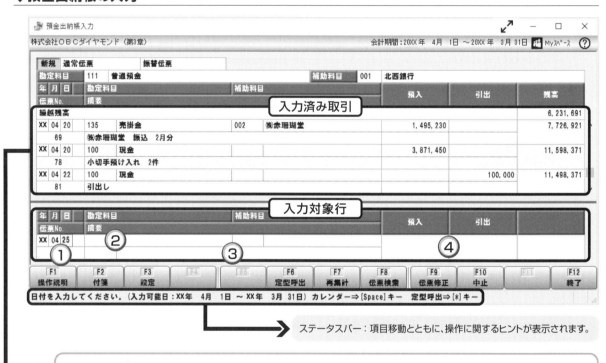

ステータスバー：項目移動とともに、操作に関するヒントが表示されます。

入力済み取引について
　文字の表示が薄く見える取引は、複合取引の行です。この場合、預金出納帳では、修正や削除が行えないため、仕訳処理、仕訳伝票リスト（後述）または元帳（会計帳票）で行います。
　入力済みの取引が表示されない場合、【F3設定】ボタンをクリックし、「起動時の伝票表示」の設定を、「すべて表示する」に変更し、出納帳画面を再起動します。

入力項目

① 伝票日付　② 相手科目　③ 摘要　④ 入金額 または 出金額

※ここでは、単一取引(1:1の取引)のみ入力可能です。

◆次の取引を入力してみましょう

例題25

5月7日　北西銀行普通預金口座から通販システムリース代77,700円が引き落とされた。

【伝票日付】5月7日　【相手科目】支払リース料　【摘要】通販システム　【出金額】77,700円

①	年 月 日 伝票No. XX 05 07	日付の入力：[←]キーで、月の入力欄に移動し、[5]と入力し、[Enter]キーを押します。 　　　　　：日の入力欄で、[7]と入力し、[Enter]キーを押します。 ※年または月を修正する場合は、[←]キーまたは該当欄をクリックして行います。
②	勘定科目 摘要	相手勘定科目の検索：[スペース]キーを押します。 ※科目コードがわかる場合は、科目コード番号を直接入力します。 ※画面上部の入力済み取引も参考情報として活用しましょう。
		科目には、科目名称と同じローマ字のインデックスが設定されています。科目名称やコード番号、インデックスを使って科目の検索ができます。インデックスを使う場合は、左上の検索条件を「インデックス検索」に切り替え、条件欄に[sh]と入力します。 対象の科目が候補に上がったら[Enter]キーを押し、候補欄に移動し、[↓]キーで対象の科目を選択し、[Enter]キーで確定します。
③	勘定科目 摘要 768　支払リース料　課仕入	摘要文の入力：[通販システム]と入力しましょう。
④	出金	金額の入力：[77700]と入力し、[Enter]キーを押します。
⑤	引出 77,700 7,063	消費税額が表示されます。確認後、[Enter]キーを押し、登録を完了します。

例題26

例題25で入力した取引を呼び出し、削除しましょう。

画面上部の入力済み取引から、対象の取引をクリックで指定後、【F7削除】ボタンをクリックし、【OK】ボタンをクリックします。

入力を再開する場合は、[F10]キーを押します。

例題27 4/18

普通預金東南銀行口座から、ETC通行料13,729円が引き落としとなった。

預金出納帳		〈総勘定科目〉普通預金 〈補助科目〉東南銀行			
日 付	勘定科目		補助科目	預 入	引 出
伝票番号	摘 要				
4月18日	旅費交通費				13,729
	ETC通行料　口座振替				

例題28 4/27

普通預金東南銀行口座から、自動車保険料22,800円が引き落としとなった。

預金出納帳		〈総勘定科目〉普通預金 〈補助科目〉東南銀行			
日 付	勘定科目		補助科目	預 入	引 出
伝票番号	摘 要				
4月27日	保険料				22,800
	アイワイ保険　自動車保険　口座振替				

例題29 4/27

電気代19,371円が東南銀行普通預金口座から引き落としとなった。

預金出納帳		〈総勘定科目〉普通預金 〈補助科目〉東南銀行			
日 付	勘定科目		補助科目	預 入	引 出
伝票番号	摘 要				
4月27日	水道光熱費				19,371
	電気代　口座振替				

※例題27～例題29は、東南銀行の取引。[F12]キーを押し、補助科目を「2」に変更。
　間違えて、北西銀行預金出納帳に入力してしまった場合は、「仕訳伝票リスト」を登録順で表示後、修正を
　実行。

3
章

例題30 4／28

㈱スローハンドから3月分売上代金2,562,670円が北西銀行普通預金口座に振り込まれた。

預金出納帳		〈総勘定科目〉普通預金　〈補助科目〉北西銀行			
日　付	勘定科目	補助科目		預　入	引　出
伝票番号	摘　要				
4月28日	売掛金	㈱スローハンド		2,562,670	
	㈱スローハンド　3月分振込				

※東南銀行から北西銀行に切り替え。[F12]キーを押し、補助科目を「1」に変更。

例題31 4／28

㈱フォッブスから3月分売上代金5,293,750円が北西銀行普通預金口座に振り込まれた。

預金出納帳		〈総勘定科目〉普通預金　〈補助科目〉北西銀行			
日　付	勘定科目	補助科目		預　入	引　出
伝票番号	摘　要				
4月28日	売掛金	㈱フォッブス		5,293,750	
	㈱フォッブス　3月分振込				

※上段にある勘定科目と同じ勘定科目を指定する場合は、[Enter]キー

例題32 4／28

5月分事務所兼店舗の家賃440,000円をモリエステート㈱に普通預金北西銀行から振り込んだ。

預金出納帳		〈総勘定科目〉普通預金　〈補助科目〉北西銀行			
日　付	勘定科目	補助科目		預　入	引　出
伝票番号	摘　要				
4月28日	地代家賃				440,000
	モリエステート㈱　5月分家賃振込				

※地代家賃のインデックス：[chidaiya]

例題33 4／28

ガス代3,645円が普通預金東南銀行から口座引き落としとなった。

預金出納帳		〈総勘定科目〉普通預金　〈補助科目〉東南銀行			
日　付	勘定科目	補助科目		預　入	引　出
伝票番号	摘　要				
4月28日	水道光熱費				3,645
	ガス代　口座振替				

入力方法⑤ 元帳入力

取引の入力を科目別に行うことができる帳簿が元帳入力です。

◆元帳入力ウィンドウの準備

【仕訳処理】-【3.帳簿入力】-【4.元帳入力】をクリックします。

① [500]と入力し、
　売上高を指定します。
② [3]と入力し、
　ネット売上を指定します。

◆元帳入力の手順

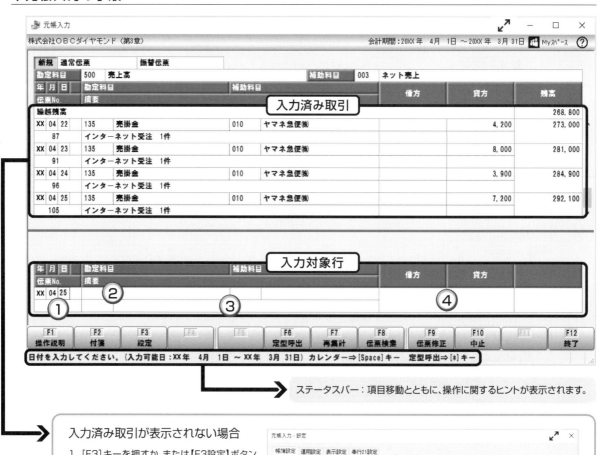

ステータスバー：項目移動とともに、操作に関するヒントが表示されます。

入力済み取引が表示されない場合

1. [F3]キーを押すか、または【F3設定】ボタン
　をクリックし、「元帳入力-設定」を表示
2. 帳簿設定タブ内にある「起動時の伝票表示:
　すべて表示する」をクリックで選択
3. 【OK】ボタンをクリック後、仕訳帳入力を終
　了し、再度、起動します。

入力項目

① 伝票日付　② 相手科目　③ 摘要　④ 借方金額 または 貸方金額

※ここでは、単一取引(1:1の取引)のみ入力可能です。

◆次の取引を複写機能を利用して、入力してみましょう。

例題34

4月28日 インターネットでの受注2件について商品を発送した。売上金額は、12,800円である。

【伝票日付】4月28日　　【相手科目】勘定科目：売掛金　補助科目：ヤマネ急便㈱
【摘要】インターネット受注 2件　　【出金額】12,800円

①	入力済み取引欄にある4月25日の取引をクリックします。
②	【F6複写】ボタンをクリックします。

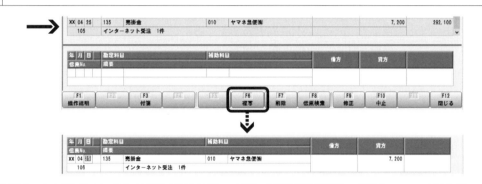

③	日付欄で、[28]と入力し、[Enter]キーを押して、次の項目に移動します。
④	セットされている相手科目欄を確認し、[Enter]キーを押して、摘要欄に移動します。
⑤	摘要文の編集 ： 2件に修正し、[Enter]キーを押して、次の項目に移動します。
⑥	金額の入力 ： [12800]と入力し、[Enter]キーを押します。

例題35

例題34で入力した取引を削除しましょう。

画面上部の入力済み取引から、対象の取引をクリックで指定後、【F7削除】ボタンをクリックし、【OK】ボタンをクリックします。

20日締めの得意先㈱ダッパダン、㈱赤珊瑚堂、㈱スローハンドとの当月21日以降、月末までの取引総額は次の通りである。
- ㈱ダッパダン　　531,740円（税込）
- ㈱赤珊瑚堂　　591,140円（税込）
- ㈱スローハンド　655,050円（税込）

元　　帳		〈勘定科目〉売上高　〈補助科目〉顧客売上			
日　付	勘定科目	補助科目	借　方	貸　方	
伝票番号	摘　要				
4月30日	売掛金	㈱ダッパダン			
	㈱ダッパダン　4月21日〜30日分売上			531,740	

元　　帳		〈勘定科目〉売上高　〈補助科目〉顧客売上			
日　付	勘定科目	補助科目	借　方	貸　方	
伝票番号	摘　要				
4月30日	売掛金	㈱赤珊瑚堂			
	㈱赤珊瑚堂　4月21日〜30日分売上			591,140	

元　　帳		〈勘定科目〉売上高　〈補助科目〉顧客売上			
日　付	勘定科目	補助科目	借　方	貸　方	
伝票番号	摘　要				
4月30日	売掛金	㈱スローハンド			
	㈱スローハンド　4月21日〜30日分売上			655,050	

※一旦［F12］キーで終了し、科目を再指定します。
※上段にある勘定科目と同じ勘定科目を指定する場合は、［Enter］キー

月末締めの得意先㈱フォッブス、リトルライ㈱、㈱ココモとの当月取引金額は次の通りである。
- ㈱フォッブス　3,295,710円（税込）
- リトルライ㈱　2,243,890円（税込）
- ㈱ココモ　　2,352,350円（税込）

元　　帳		〈勘定科目〉売上高　〈補助科目〉顧客売上			
日　付	勘定科目	補助科目	借　方	貸　方	
伝票番号	摘　要				
4月30日	売掛金	㈱フォッブス			
	㈱フォッブス　4月分売上			3,295,710	

元　　帳		〈勘定科目〉売上高　〈補助科目〉顧客売上			
日　付	勘定科目	補助科目	借　方	貸　方	
伝票番号	摘　要				
4月30日	売掛金	リトルライ㈱			
	リトルライ㈱　4月分売上			2,243,890	

元　　帳		〈勘定科目〉売上高　〈補助科目〉顧客売上			
日　付	勘定科目	補助科目	借　方	貸　方	
伝票番号	摘　要				
4月30日	売掛金	㈱ココモ			
	㈱ココモ　4月分売上			2,352,350	

月末締めの仕入先㈲JHI、クォーレ工業、ザック金属㈱、デジテクチャ㈱からの当月取引金額は次の通りである。

- ・㈲JHI　　　　　69,936円（税込）
- ・クォーレ工業　　1,964,600円（税込）
- ・ザック金属㈱　1,374,450円（税込）
- ・デジテクチャ㈱　1,598,575円（税込）

元　　帳	〈勘定科目〉仕入高			
日　付	勘定科目	補助科目	借　方	貸　方
伝票番号	摘　要			
4月30日	買掛金	㈲JHI		
	㈲JHI　4月分仕入		69,936	

日　付	勘定科目	補助科目	借　方	貸　方
伝票番号	摘　要			
4月30日	買掛金	クォーレ工業		
	クォーレ工業　4月分仕入		1,964,600	

日　付	勘定科目	補助科目	借　方	貸　方
伝票番号	摘　要			
4月30日	買掛金	ザック金属㈱		
	ザック金属㈱　4月分仕入		1,374,450	

日　付	勘定科目	補助科目	借　方	貸　方
伝票番号	摘　要			
4月30日	買掛金	デジテクチャ㈱		
	デジテクチャ㈱　4月分仕入		1,598,575	

※［F12］キーを押し、勘定科目「604・仕入高」を指定。
※上段にある勘定科目と同じ勘定科目を指定する場合は、［Enter］キー

3-8 確認方法・仕訳伝票リスト

入力された取引データの確認は、目的に応じて対応するウィンドウが異なります。

取引(仕訳)の入力及び確認	仕訳処理・仕訳帳入力・現金出納帳入力・預金出納帳入力・元帳入力

※どのウィンドウから取引を入力しても、仕訳処理(振替伝票)として記録されます。

取引内容(仕訳)の確認	仕訳伝票リスト

※どのウィンドウから取引を入力しても、すべての取引が転記されます。

集 計 結 果 の 確 認	元帳・補助科目内訳表・合計残高試算表

※どのウィンドウからも、元データのウィンドウに入って行くことが可能です。

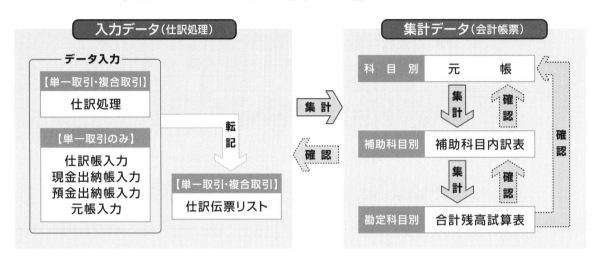

◆仕訳伝票リスト

　入力されたすべての取引が表示されます。また、他の取引入力ウィンドウと同じに、修正・削除・複写も自由に行えます。

　① 【仕訳処理】－【2.仕訳伝票リスト】をクリックします。

今回は、条件設定を行わず、【画面】ボタンをクリックして、登録済みの全仕訳を表示しましょう。

◆仕訳の削除方法

例題39 4/26

4月26日処理分のアンOAサプライ、現金購入の事務用品代7,140円は、4月25日処理分と誤って重複入力していることが判明した。当仕訳を削除しましょう。

振替伝票			〈日 付〉4月26日		
借方科目	借方金額	貸方科目	貸方金額	摘　　要
事務用品費	7,140	現金	7,140	用紙他　アンOAサプライ
借方合計	7,140	貸方合計	7,140	

①	仕訳伝票リストウィンドウをスクロールして、対象の仕訳をダブルクリックします。
②	新たに開かれた仕訳処理ウィンドウの内容を確認後、【F7削除】ボタンをクリックします。

③	【OK】ボタンをクリックします。

3-9 確認方法・補助科目内訳表

様々な目的により、内訳管理として、勘定科目に補助科目を作成します。下表はその例です。

勘定科目	補助科目	集計内容、残高の確認資料
預　金	預金口座ごとに作成	預金通帳など
売掛金	得意先ごとに作成	自社作成の請求書や納品書など
買掛金	仕入先ごとに作成	仕入先作成の請求書や納品書など
未払金	取引先ごとに作成	取引先作成の請求書や納品書など

勘定奉行では、補助科目の集計表として、「補助科目内訳表」があります。

① 【会計帳票】－【4.内訳表】－【3.補助科目内訳表】をクリックします。

② 集計期間を、[4月]～[4月]と指定した後、【画面】ボタンをクリックします。

③ 条件設定にしたがった、補助科目内訳表が表示されます。表示内容を確認しましょう。

◆次の仕訳を修正してみましょう

例題40 4/28

㈱スローハンドからの振込入金額2,562,670円は、銀行振込手数料660円が差し引かれていた。

振替伝票				〈日　付〉4月28日

借方科目	借方金額	貸方科目	貸方金額	摘　　要
普通預金 北西銀行	2,562,670	売掛金 ㈱スローハンド	2,563,330	㈱スローハンド　3月分振込
支払手数料	660			㈱スローハンド　3月分振込料

	借方合計	2,563,330	貸方合計	2,563,330

① 補助科目内訳表の売掛金・㈱スローハンドの行をダブルクリックします。

② 開かれた元帳上の修正対象行をダブルクリックします。

③ 【F9修正】ボタンをクリックし、修正します。

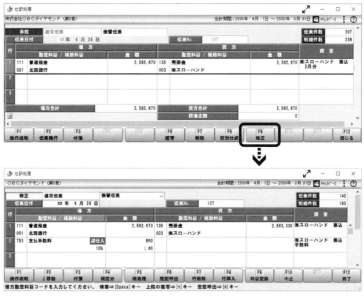

2行目の借方勘定科目欄をクリックし、[753・支払手数料]を入力し、金額660円を入力。
1行目の貸方金額欄をクリックし、【F6差額】ボタンをクリックまたは[＊]キーを押します。

④ 【F12終了】ボタンをクリック後、【F12登録】ボタンをクリックし、修正を完了します。

㈱フォッブスからの振込入金額5,293,750円は、銀行振込手数料660円が差し引かれていた。適切に修正しましょう。

振替伝票		〈日 付〉4月28日			
借方科目	借方金額	貸方科目	貸方金額		摘　要
普通預金 北西銀行	5,293,750	売掛金 ㈱フォッブス	5,294,410		㈱フォッブス　3月分振込
支払手数料	660				㈱フォッブス　3月分振込料
借方合計	5,294,410	貸方合計	5,294,410		

①	補助科目内訳表の売掛金・㈱フォッブスの行をダブルクリックします。
②	開かれた元帳上の修正対象行をダブルクリックします。 
③	【F9修正】ボタンをクリックし、修正します。 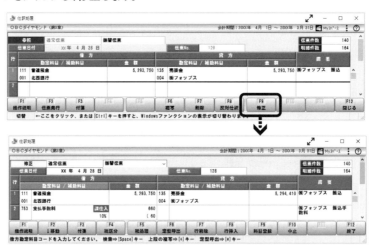 2行目の借方勘定科目欄をクリックし、［753・支払手数料］を入力し、金額660円を入力。 1行目の貸方金額欄をクリックし、【F6差額】ボタンをクリックまたは［*］キーを押します。
④	【F12終了】ボタンをクリック後、【F12登録】ボタンをクリックし、修正を完了します。

3-10 確認方法・合計残高試算表

日々変動する現金や預金の動きを中心に取引を入力することで、あらゆる科目が連動します。科目ごとに取引内容や残高を確認する場合には、元帳を活用しますが、科目全体を確認する場合は、合計残高試算表を活用します。

① 【会計帳票】-【3.合計残高試算表】-【1.合計残高試算表】をクリックします。

② 開かれた条件設定ダイアログにて、集計期間や帳票の選択をします。

ここでは、【月範囲】ボタンをクリックし、開始・終了ともに[4月]を指定し、【OK】ボタンで閉じましょう。条件設定ダイアログに戻ったら、【画面】ボタンをクリックします。

③ 条件設定にしたがった、貸借対照表が表示されます。

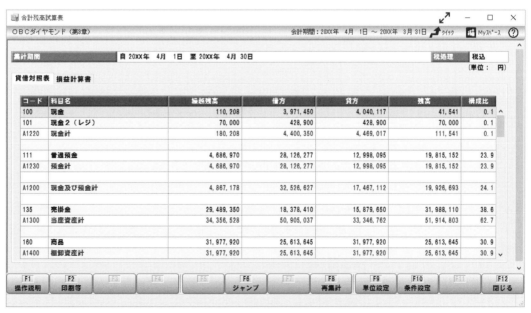

左上部にあるタブをクリックすることで、「貸借対象表」と「損益計算書」の切り替えが行えます。

④ 損益計算書タブをクリックしましょう。

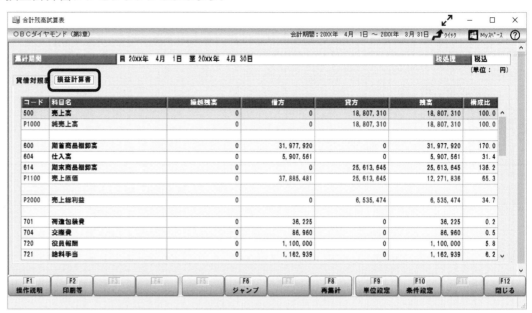

◆次の例題を解いてみましょう

例題42

4月の売上で、最も多かったのは、①顧客売上、②ショップ売上、③ネット売上　のどれでしょう。

①	損益計算書の「500 売上高」の行をダブルクリックします。
②	「他の帳票へのジャンプ」ダイアログから、内訳表【補助科目】ボタンをクリックします。 
③	表示された「補助科目内訳表」の内容を確認します。 

4月の仕入高で、最も多かったのは、① ㈲JHI、② クォーレ工業、③ ザック金属㈱、④ デジテクチャ㈱
のどこでしょう。

①	損益計算書の「604 仕入高」の行をダブルクリックします。
②	「他の帳票へのジャンプ」ダイアログから、【元帳】ボタンをクリックします。
③	表示された「元帳」の内容を確認します。

第4章 企業の日常処理と入力練習

Chapter 4

企業の営業活動に伴い、さまざまな取引が発生します。現時点の経営内容が的確に捉えられた管理資料は、経営判断において重要な情報です。その経営情報の1つとして、会計情報があります。営業活動に伴い発生した取引について、会計処理をおこなうことで有用な会計情報が作成されます。会計ソフトを活用することで、取引の入力と同時にさまざまな会計資料が作成されます。

この章では、実際の証ひょうを使って、会計ソフトに取引を入力してみましょう。また会計資料の確認もしてみましょう。会計ソフトの利用にあたっては、振替伝票に入力する方法や各種帳簿に直接入力する方法があります。ここでは、例題にあわせて様々な入力方法で練習してみましょう。

企業の日常処理と入力練習

① 会社概要

「株式会社 OBC ダイヤモンド（第4章）」を開きましょう。

参照：38～39ページ（第3章 2-2 会計データの復元、2-3 会計データの選択）

1-1 会社基本情報

当社は、オリジナルデザインと外注先デザインによるアクセサリーをメーカー100％委託により製造し、販売している会社です。外注デザイン会社5社。製造委託会社5社。また、今期から、海外からの輸入販売も開始する予定です。商品は、得意先6件への卸売りとインターネットによる販売（代引き発送）、および本社店頭での直販もおこなっています。

会 社 名	株式会社 OBCダイヤモンド
決 算 期	第2期
会 計 期 間	4月1日～翌3月31日
業 種	小売・卸売業
事 業 内 容	アクセサリー類の販売および輸入
資 本 金	2,000万円
消 費 税 関 係	課税事業者（適格事業者登録済み）、税込経理方式

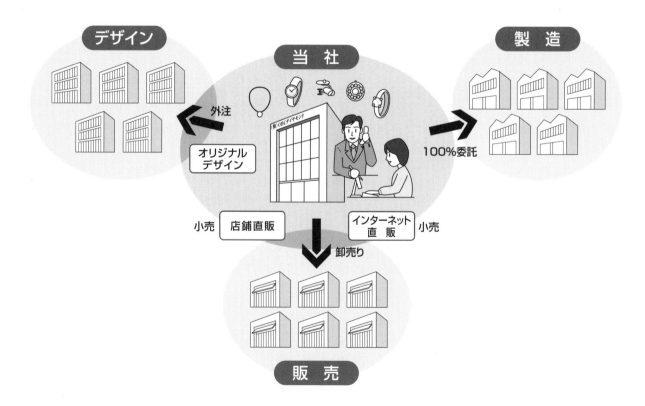

取扱商品

リング（L）、ネックレス（N）、ペンダント（P）、ピアス（I）、イヤリング（E）、
ブローチ（B）、ブレスレット（R）、アンクレット（A）、キーケース（K）、時計（W）

デザイン外注先
※すべて適格請求書発行事業者

有限会社 クラフト設計（C）	グランデザイン工房（G）	株式会社 フリーライン（F）
末締め／翌々10日／振込支払	末締め／翌々10日／振込支払	末締め／翌々10日／振込支払

サンポイント 株式会社（S）	有限会社 マーカーズ（M）
末締め／翌々10日／振込支払	末締め／翌々10日／振込支払

製造委託先
※すべて適格請求書発行事業者

有限会社 JHI（J）	クォーレ工業（Q）	ザック金属 株式会社（Z）
ネックレス	ピアス、イヤリング	ブローチ、ペンダント
末締め／翌々10日／振込支払	末締め／翌々10日／振込支払	末締め／翌々10日／振込支払

花岡メタル 有限会社（H）	デジテクチャ 株式会社（D）
ブレスレット、アンクレット	リング
末締め／翌々10日／振込支払	末締め／翌々10日／振込支払

販 売 先

株式会社 ダッパダン	株式会社 赤珊瑚堂	株式会社 スローハンド
卸売り	卸売り	卸売り
20日締め／翌々20日／振込入金（振込手数料先方負担）	20日締め／翌々20日／振込入金（振込手数料先方負担）	20日締め／翌末日／振込入金（振込手数料当社負担）

株式会社 フォッブス	リトルライ 株式会社	株式会社 ココモ
卸売り	卸売り	卸売り
末締め／翌末日／振込入金（振込手数当社負担）	末締め／翌々20日／小切手入金	末締め／翌々20日／小切手入金

店舗直売	インターネット直売
小売り	小売り
現金	ヤマネ急便㈱利用／代引き発送／振込入金

取扱商品

商品コード	商品名	小売単価	卸単価
BC-111LN	ブローチ・ゴールド	15,200円	8,900円
EM-106LM	イヤリング・ゴールド・エメラルド	4,600円	2,700円
EM-109WM	イヤリング・ホワイトゴールド・トパーズ	11,500円	6,800円
IF-116LO	ピアス・ゴールド・ダイヤモンド	22,900円	13,500円
NG-107LE	ネックレス・ゴールド	23,200円	13,600円
PC-101LC	ペンダント・ゴールド	18,400円	10,800円
EO-115WG	イヤリング・ホワイトゴールド・ブラッドストーン	13,200円	7,700円
ES-109LJ	イヤリング・ゴールド・エメラルド	6,500円	3,800円
BO-102CA	ブローチ・カメオ	6,200円	3,700円
BF-101LI	ブローチ・ゴールド	8,400円	4,900円
RF-101VJ	ブレスレット・シルバー	11,800円	6,900円
RG-105NH	ブレスレット・プラチナ	85,500円	50,200円
AS-107WN	アンクレット・ホワイトゴールド	12,900円	7,600円
AO-109NM	アンクレット・プラチナ・ダイヤモンド	86,200円	50,700円

加入保険情報

・社会保険（健康保険・厚生年金保険）… 協会けんぽに加入、厚生年金基金非加入

・労働保険（雇用保険・労災保険）… 一般事業所として加入

税務関連情報

・法　人　税 … 設立時、「青色申告の承認申請書」を所轄税務署に提出

・消　費　税 … 設立時、「消費税の新設法人に該当する旨の届出書」を所轄税務署に提出
　　　　　　　※消費税の経理処理方式は、税込経理を採用

・源泉所得税 … 設立時、「給与支払事務所等の開設の届出書」を所轄税務署に提出

社員・従業員情報

氏　名	役　職	年齢	支給形態	社会保険	雇用保険
木田純一	代表取締役社長	46歳	月給制	○	
木田陽子	経理担当	43歳	月給制	○	
斎藤誠	営業担当部長	40歳	月給制	○	○
平山和宏	営業担当	28歳	月給制	○	○
竹内康夫	営業担当	27歳	月給制	○	○
阿部一子	パート	43歳	時間給制		
松原愛	アルバイト	20歳	時間給制		

4章

会計・設定情報

勘定科目

資産
現金 (100)
現金2(レジ) (101)
普通預金 (111)
定期積金 (114)
売掛金 (135)
商品 (160)
立替金 (180)
仮払金 (181)
車両運搬具 (204)
工具器具備品 (205)
減価償却累計額 (230)
敷金差入保証金 (280)

負債
買掛金 (305)
短期借入金 (310)
未払金 (315)
未払費用 (316)
未払法人税等 (320)
未払消費税 (331)
預り金 (345)
長期借入金 (370)

純資産
資本金 (400)
資本剰余金 (405)
利益剰余金 (415)
前期繰越利益 (430)
当期未処分利益

収益
売上高 (500)
受取利息 (800)
雑収入 (820)

費用
仕入高(604)
役員報酬(720)
給料手当(721)
法定福利費(730)
福利厚生費(731)
消耗品費(742)
事務用品費(743)
地代家賃(751)
保険料(745)
修繕費(746)
租税公課(757)
減価償却費(760)
旅費交通費(740)
通信費(741)
水道光熱費(744)
支払手数料(753)
荷造包装費(701)
広告宣伝費(702)
交際費(704)
支払リース料(768)
外注費(758)
雑費(782)
支払利息(830)

補助科目

普通預金 (111)
北西銀行 (1)
東南銀行 (2)

売掛金 (135)
㈱ダッパダン (1)
㈱赤珊瑚堂 (2)
㈱スローハンド (3)
㈱フォッブス (4)
リトルライ㈱ (5)
㈱ココモ (6)
ヤマネ急便㈱ (10)

買掛金 (305)
㈲JHI (1)
クォーレ工業 (2)
ザック金属㈱ (3)
花岡メタル㈲ (4)
デジテクチャ㈱ (5)
上海交易有限公司 (6)

未払費用 (316)
社会保険料 (1)
労働保険料 (2)

未払金 (315)
㈲クラフト設計 (1)
グランデザイン工房 (2)
㈱フリーライン (3)
サンポイント㈱ (4)
㈲マーカーズ (5)
ヤマネ急便㈱ (10)

預り金 (345)
社会保険料 (1)
源泉所得税 (2)
住民税 (3)

売上高 (500)
顧客売上 (1)
ショップ売上 (2)
ネット売上 (3)

② 証ひょうにもとづくデータ入力

　株式会社OBCダイヤモンドの第2期は、すでに5月19日まで入力済みです。5月20日以降の証ひょうからデータ入力をしてみましょう。仕訳解答例は、159ページに記載。

※データ入力にあたり、消費税区分は自動処理のまま進めましょう。

例題1　5/20

月刊情報誌を購入し、現金で869円支払った。

```
                領 収 証

㈱OBCダイヤモンド 様    20XX年  5月 20日

      ★        ¥869

      但 書籍代として
      上記正に領収いたしました

   内  訳
   税抜金額      ¥790      ○○市○○町 X-X
   消費税額等(10%) ¥79      TEL.03-XXXX-XXXX  FAX.03-XXXX-XXXX
                          五省堂書房
                          登録番号：T0000000000
```

※「現金出納帳入力」または「仕訳伝票リスト」から類似仕訳を複写

例題2　5/20

得意先から3月分売上代金が北西銀行普通預金口座に振り込まれた。
- ㈱ダッパダン　2,547,490円（振込手数料 - 先方負担）
- ㈱赤珊瑚堂　3,072,410円（振込手数料 - 先方負担）

回収予定表
自 20××年 5月20日 至 20××年 5月20日
【回収予定日順・請求処理済・今回御買上額】

回収予定日	コード	請求先名	今回御買上額	現金	小切手	銀行振込	手形	相殺	締日	請求日	回収方法
20××/5/20	1	株式会社 ダッパダン	2,547,490	0	0	2,547,490	0	0	0	20××/3/20	
20××/5/20	2	株式会社 赤珊瑚堂	3,072,410	0	0	3,072,410	0	0	0	20××/3/20	
20××/5/20	5	リトルライ 株式会社	4,762,890	0	4,762,890	0	0	0	0	20××/3/31	集金
20××/5/20	6	株式会社 ココモ	967,450	0	967,450	0	0	0	0	20××/3/31	集金
		【回収日計 ××.5.20】	11,350,240	0	5,730,340	5,619,900	0	0	0		
		《 合　　計 》	11,350,240	0	5,730,340	5,619,900	0	0	0		

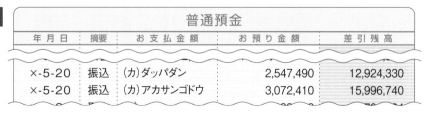

北西銀行

		普通預金			
年 月 日	摘要	お 支 払 金 額	お 預 り 金 額	差 引 残 高	
×-5-20	振込	(カ)ダッパダン		2,547,490	12,924,330
×-5-20	振込	(カ)アカサンゴドウ		3,072,410	15,996,740

※「預金出納帳入力」または「仕訳伝票リスト」から類似仕訳を複写

3月分取引代金を小切手にて集金し、北西銀行（入金口座 - 普通預金）に取立依頼した。

・リトルライ㈱　4,762,890円　　　　　　・㈱ココモ　967,450円

| 入金伝票 | リトルライ 株式会社 | 様 | No. |

領収証（控）　リトルライ 株式会社　様　No.

金額　¥ 4,7 6 2,8 9 0

内訳	
現　金	
小切手	4,762,890
手　形	／
消費税額（ ％）	

但 3月分売上代金
20XX年　5月　20日　上記正に領収いたしました

株式会社 OBCダイヤモンド
東京都新宿区西新宿 X-X-X
TEL. 03-XXXX-XXXX　FAX. 03-XXXX-XXXX

| 入金伝票 | 株式会社 ココモ | 様 | No. |

領収証（控）　株式会社 ココモ　様　No.

金額　¥ 9 6 7,4 5 0

内訳	
現　金	
小切手	967,450
手　形	／
消費税額（ ％）	

但 3月分売上代金
20XX年　5月　20日　上記正に領収いたしました

株式会社 OBCダイヤモンド
東京都新宿区西新宿 X-X-X
TEL. 03-XXXX-XXXX　FAX. 03-XXXX-XXXX

北西銀行

		普通預金		
年 月 日	摘要	お 支 払 金 額	お 預 り 金 額	差 引 残 高
×-5-20	取立 （6）		5,730,340	21,725,034

※「現金出納帳入力」または「仕訳伝票リスト」から類似仕訳を複写

労働保険料を北西銀行普通預金口座から、276,100円納付した。内訳は下記のとおり。

- 前年度労働保険料 概算申告不足額 13,473円（未払費用勘定）
- 今年度雇用保険概算申告分 216,070円
  内、従業員負担 83,640円（立替金勘定）、会社負担 132,430円（法定福利費勘定）
- 今年度労災保険概算申告分（全額会社負担）46,557円（法定福利費勘定）

（借　方）		（貸　方）		（摘　要）
未払費用／労働保険料	13,473	普通預金／北西銀行	276,100	労働保険料　納付
立替金／雇用保険料	83,640			雇用保険料　今年度分
法定福利費	132,430			雇用保険料　今年度分
法定福利費	46,557			労災保険料　今年度分
合　計	276,100	合　計	276,100	

労働保険　概算・増加概算・確定保険料申告書

① 労働保険番号　XXXXXXXXXX
④ 常時使用労働者数　5名　　　　　⑤ 雇用保険被保険者数　3名

確定保険料算定内訳	区分	算定期間　XX/4/1～XX/3/31					
		⑧ 保険料算定基礎額		⑨ 保険料率 1000分の		⑩ 確定保険料額（⑧×⑨）	
	労働保険料	(イ)		(イ)		(イ)	262,627
	労災保険分	(ロ)	15,519	(ロ)	3	(ロ)	46,557
	雇用保険分	(ハ)	13,940	(ハ)	15.5	(ハ)	216,070

概算保険料算定内訳	区分	算定期間　XX/4/1～XX/3/31					
		⑫ 保険料算定基礎額		⑬ 保険料率 1000分の		⑭ 確定保険料額（⑫×⑬）	
	労働保険料	(イ)		(イ)		(イ)	262,627
	労災保険分	(ロ)	15,519	(ロ)	3	(ロ)	46,557
	雇用保険分	(ハ)	13,940	(ハ)	15.5	(ハ)	216,070

⑱	申告済概算保険料額	249,154		
⑳	差引額（ロ）還付		差引（ハ）不足額	13,473

㉒ 期別納付額		(イ) 概算保険料額	(ロ) 充当額	(ハ) 不足額	(ニ) 今期納付額
	全期	262,627		13,473	276,100
	第2期				
	第3期				

㉕ 事業又は作業の種類：アクセサリーの販売
㉖ 加入している保険 労災保険・雇用保険
㉗ 特掲事業：該当しない
㉘ 所在地：新宿区西新宿 X-X-X
　　名称：株式会社　OBCダイヤモンド
㉙ 氏名：代表取締役　和田純一

北西銀行

普通預金				
年 月 日	摘要	お支払金額	お預り金額	差引残高
×-5-20	振替	276,100	ロウドウホケン	21,448,934

※「仕訳処理」から入力

4 章

ヤマネ急便㈱より代引き発送分の売上代金35,700円から集金手数料1,428円、振込手数料440円が
相殺されて、東南銀行普通預金口座に33,832円振り込まれた。　　参考：46ページ（第3章 例題4）

【代引き配送報告・お支払いのご案内】

20XX年5月20日

株式会社　ＯＢＣダイヤモンド様

謹啓、ますますご清栄のこととお喜び申し上げます。
平素は、ヤマネ急便・代引き配送「e-トランス」をご利用いただきありがとうございます。
ご依頼頂きました代引き配送におきまして、配達・集金完了分をご案内いたします。
今後ともよろしくお願い申し上げます。　　　　　　　敬具

配送ナンバー	集荷日	配送日	商品代金	集金手数料
550305344	5月17日	5月18日	22,000	880
550305368	5月19日	5月19日	13,700	548
		合　計	35,700	1,428
振 込 手 数 料				440
お 振 込 金 額				33,832
お 振 込 日		20XX年5月20日		

ヤマネ急便　株式会社
関東中央配送センター　新宿営業所
〒162-0811
東京都新宿区水道町 X-X-X
TEL. 03 (XXXX) XXXX　FAX. 03 (XXXX) XXXX

東南銀行

普通預金

年 月 日	お取引内容	お支払金額	お預り金額	差引残高
×-5-20	ヤマネキュウビン（カ		33,832	1,180,875

※「仕訳伝票リスト」から類似仕訳を複写

東南銀行普通預金口座から水道代6,838円が引き落としとなった。

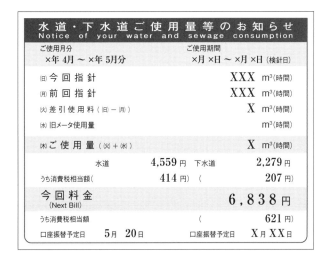

水道・下水道ご使用量等のお知らせ
Notice of your water and sewage consumption

ご使用月分	ご使用期間
×年 4月 ～ ×年 5月分	×月 ×日 ～ ×月 ×日（検針日）

(日) 今 回 指 針	XXX m³(時間)
(月) 前 回 指 針	XXX m³(時間)
(火) 差 引 使 用 料（(日)－(月)）	X m³(時間)
(水) 旧メータ使用量	m³(時間)
(木) ご 使 用 量（(火)＋(水)）	X m³(時間)

水道　4,559 円　下水道　2,279 円
うち消費税相当額（　　　414 円）（　　　207 円）

今 回 料 金（Next Bill）　　**6,838** 円

うち消費税相当額　　（　　　621 円）

口座振替予定日　5月　20日　　口座振替予定日　X月 XX日

東南銀行

普通預金

年 月 日	お取引内容	お支払金額	お預り金額	差引残高
×-5-20	水道	6,838		1,174,037

※「預金出納帳入力」または「仕訳伝票リスト」から類似仕訳を複写

20日締めの得意先に対し、当月分請求書を発行した。

- ㈱ダッパダン　　2,809,510円（税込）
- ㈱赤珊瑚堂　　　1,593,790円（税込）
- ㈱スローハンド　1,892,000円（税込）

参考：62ページ（第3章 例題36）

【社内資料】

得意先別売上集計表
自 20XX年 4月21日　至 20XX年 5月20日

【締め日：20日】
株式会社OBCダイヤモンド　　　　　　　　　　　　　　　　　　（税込）

コード	請 求 先 名	4/21～4/30	5/1～5/20	合 計（=請求額）
1	株式会社 ダッパダン	531,740	2,277,770	2,809,510
2	株式会社 赤珊瑚堂	591,140	1,002,650	1,593,790
3	株式会社 スローハンド	655,050	1,236,950	1,892,000
	《 合 計 》	1,777,930	4,517,370	6,295,300

お客様コードNo.0001

160-0008

東京都新宿区三栄町X-X-X

株式会社 ダッパダン 御中

TEL 03-XXXX-XXXX　FAX 03-XXXX-XXXX

請 求 書
（発行日20XX年　5月　20日）　　No.

株式会社 ＯＢＣダイヤモンド
〒160-0023　東京都新宿区西新宿X-X-X
TEL 03-XXXX-XXXX FAX 03-XXXX-XXXX
登録番号：T0000000000

明細金額欄：金額は税込金額です。
毎度ありがとうございます。下記の通り御請求申し上げます。（20XX年　5月　20日 締切分）　　PAGE　1

前回御請求額	御入金額	調整額	差引繰越金額	税抜御買上額	消費税額等	今回御請求額
7,068,930	2,547,490	0	4,521,449	2,554,100	255,410	7,330,950

年月日	伝票No.	商　品　名	数量	単位	単　価	金　額
X 421		ブローチ・プラチナ	5	個	20,600	103,000*
		【 伝 票 計 】				103,000>
X 428		ピアス・ゴールド・コーラル	5	個	12,100	60,500*
X 428		ピアス・プラチナ・ルビー	1	個	16,700	16,700*
X 428		イヤリング・ホワイトゴールド・真珠	1	個	13,600	13,600*
X 428		イヤリング・プラチナ・サファイア	1	個	16,700	16,700*
X 428		リング・シルバー・アクアマリーン	2	個	3,300	6,600*
X 428		ブローチ・プラチナ	1	個	53,800	53,800*
		【 伝 票 計 】				167,900>
X 430		ピアス・プラチナ・ルビー	1	個	23,600	23,600*
X 430		ペンダント・プラチナ	1	個	34,500	34,500*
X 430		ペンダント・プラチナ	1	個	36,900	36,900*
X 430		ピアス・プラチナ・ペリドット	5	個	13,800	69,000*
X 430		ピアス・ゴールド・アメジスト	5	個	9,700	48,500*
		【 伝 票 計 】				212,500>
X 511		イヤリング・ゴールド・ダイヤモンド	5	個	3,400	17,000*
		【 伝 票 計 】				17,000>
X 513		ピアス・プラチナ・エメラルド	5	個	42,300	211,500*
X 513		ピアス・プラチナ・ダイヤモンド	5	個	20,900	104,500*
X 513		イヤリング・プラチナ・ダイヤモンド	5	個	132,100	660,500*
		【 伝 票 計 】				976,500>

※「元帳入力：売上高／顧客売上」または「仕訳伝票リスト」から類似仕訳を複写

本日のインターネット受注1件商品代金2,900円、ヤマネ急便㈱にて代引き発送した。

参考：61ページ（第3章 例題34）

納　品　書（控）

お客様コードNo. 0091

伝票No.

20XX年　5月　21日

株式会社　ＯＢＣダイヤモンド
〒160-0023　東京都新宿区西新宿X-X-X
TEL 03-XXXX-XXXX FAX 03-XXXX-XXXX
登録番号：T 0000000000

ネット売上　　　　　　御中

担当者：
毎度ありがとうございます。下記の通り納品致しますのでご査収下さい。

コード・商品名		数量	単位	単価	金額
LO-145VM [　　　　　]					
リング・シルバー・ピンキー・トパーズ	入数				
	箱数	1	個	2,900	2,900*

課税対象額	2,637	(消費税合計	263)		合　計	
摘　要						2,900

*は税込金額です。

※「元帳入力－売掛金」、「元帳入力－売上高」または「仕訳伝票リスト」から類似仕訳を複写

本日のショップ売上について、レジスタの日計表を確認し、売上金17,500円を東南銀行夜間金庫に預け入れた。勘定科目「コード：101、科目名：現金2（レジ）」を使用。　参考：55ページ（第3章 例題23-24）

```
20XX/5/21点検              16:05

   日計レポート/グループ集計

総 売 上    1点    ¥17,500

リング        1点    ¥17,500
ネックレス     0点        ¥0
ピアス        0点        ¥0
イヤリング     0点        ¥0
ペンダント     0点        ¥0
ブローチ       0点        ¥0
ブレスレット    0点        ¥0
アンクレット    0点        ¥0
その他        0点        ¥0

=明　細=
LO-120NB     1点    ¥17,500
```

東南銀行

	普通預金			
年　月　日	お取引内容	お支払金額	お預り金額	差引残高
×-5-20	ETC	11,318		1,162,719
×-5-23	入金　5/21		17,500	1,180,219

※「現金出納帳入力」または「仕訳伝票リスト」から類似仕訳を複写

時間貸し駐車料を現金で750円支払った。

```
領 収 証

○○○○駐車場
登録番号：T0000000000

入庫日時    XX-5-22 XX:XX
出庫日時    XX-5-22 XX:XX

駐車時間          X時間XX分
駐車料金          750円
（内、消費税額10%      68円）
前払             0円
現金           750円
釣銭             0円
```

※「現金出納帳入力」または「仕訳伝票リスト」から類似仕訳を複写

本日のショップ売上について、レジスタの日計表を確認し、売上金22,900円を東南銀行夜間金庫に預け入れた。

```
20XX/5/22点検              16:08

日計レポート/グループ集計

総 売 上    1点   ¥22,900
リング         0点        ¥0
ネックレス      0点        ¥0
ピアス         1点    ¥22,900
イヤリング      0点        ¥0
ペンダント      0点        ¥0
ブローチ        0点        ¥0
ブレスレット     0点        ¥0
アンクレット     0点        ¥0
その他         0点        ¥0

=明 細=
IF-116LO       1点    ¥22,900
```

東南銀行

普通預金				
年 月 日	お取引内容	お支払金額	お預り金額	差引残高
×-5-23	入金　5/21		17,500	1,180,219
×-5-23	入金　5/22		22,900	1,203,119

※「現金出納帳入力」または「仕訳伝票リスト」から類似仕訳を複写

本日のインターネット受注1件商品代金4,600円、ヤマネ急便㈱にて代引き発送した。

お客様コードNo. 0091		納 品 書（控）		伝票No.	
		20XX年　5月　23日			
		株式会社　ＯＢＣダイヤモンド			
ネット売上	御中	〒160-0023　東京都新宿区西新宿X-X-X			
		TEL 03-XXXX-XXXX FAX 03-XXXX-XXXX			
		登録番号：T0000000000			

担当者：
毎度ありがとうございます。下記の通り納品致しますのでご査収下さい。

コード・商品名		数量	単位	単価	金額
EM-106LM　［　　　　　　］					
イヤリング・ゴールド・エメラルド　入数					
箱数		1	個	4,600	4,600*

課税対象額　　4,182　（消費税合計　　418）		合　計	
摘　要			4,600

＊は税込金額です。

※「元帳入力－売掛金」、「元帳入力－売上高」または「仕訳伝票リスト」から類似仕訳を複写

グランデザイン工房の鈴木課長と会食し、飲食代24,400円を現金で支払った。

領 収 証

㈱OBCダイヤモンド　　様　　20XX年　5月　23日

¥　　24,400

但　お食事代として

上記正に領収いたしました

すし屋の
倫太郎

○○市○○町 X-X
TEL. 03-XXXX-XXXX　FAX. 03-XXXX-XXXX
登録番号：T0000000000

内　訳
税抜金額　　22,182円
消費税額（10%）　　2,218円

※「現金出納帳入力」または「仕訳処理」から入力

時間貸し駐車料を現金で600円支払った。

領 収 証

○○○○駐車場

登録番号：T0000000000

入庫日時　XX-5-24 XX：XX
出庫日時　XX-5-24 XX：XX

駐車時間	X時間XX分
駐車料金	600円
（内、消費税額10%	54円）
前払	0円
現金	600円
釣銭	0円

※「現金出納帳入力」または「仕訳伝票リスト」から類似仕訳を複写

電車代を現金で640円支払った。

旅費 諸経費 精算書

X年 5月25日

部課名　経理部

氏名　阿部一子 印

	所属長	経理	社長

No.	月/日	行き先・内容等	発地	着地	片道・往復	金額	領収書
1	5/25	銀座ショールーム	新宿3丁目	東京	片道・往復	640	有・無
2					片道・往復		有・無
3					片道・往復		有・無
4					片道・往復		有・無
5					片道・往復		有・無
6					片道・往復		有・無
合　計						640	

備考

旅費・経費精算規定：原則として、発生日より3日以内の精算とす。

※「現金出納帳入力」または「仕訳伝票リスト」から類似仕訳を複写

4章

北西銀行普通預金口座から借入金の返済の引き落としがあった。
・引き落とし金額 562,500円（内、利息金額 62,500円）

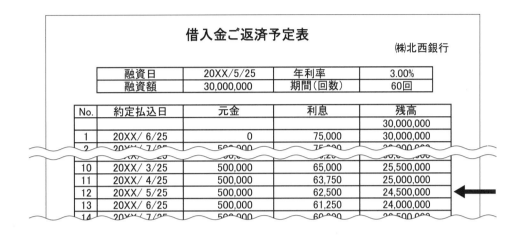

借入金ご返済予定表

㈱北西銀行

融資日	20XX/5/25	年利率	3.00%
融資額	30,000,000	期間（回数）	60回

No.	約定払込日	元金	利息	残高
				30,000,000
1	20XX/ 6/25	0	75,000	30,000,000
2	20XX/ 7/25	500,000	75,000	30,000,000
10	20XX/ 3/25	500,000	65,000	25,500,000
11	20XX/ 4/25	500,000	63,750	25,000,000
12	20XX/ 5/25	500,000	62,500	24,500,000
13	20XX/ 6/25	500,000	61,250	24,000,000
14	20XX/ 7/25	500,000	60,000	23,500,000

※「仕訳伝票リスト」または「会計帳票」−「元帳」から類似仕訳を複写

ヤマネ急便㈱の先月分運賃36,225円が東南銀行普通預金口座から引き落とされた。
また、代引き発送分の売上代金7,500円から集金手数料300円、振込手数料220円が相殺されて、
東南銀行普通預金口座に6,980円振り込まれた。

【代引き配送報告・お支払いのご案内】

20XX年5月24日

株式会社　ＯＢＣダイヤモンド様

謹啓、ますますご清栄のこととお喜び申し上げます。
平素は、ヤマネ急便・代引き配送「e-トランス」をご利用いただきありがとうございます。
ご依頼頂きました代引き配送におきまして、配達・集金完了分をご案内いたします。
今後ともよろしくお願い申し上げます。　　　　敬具

配送ナンバー	集荷日	配送日	商品代金	集金手数料
550305216	5月21日	5月22日	2,900	116
550305248	5月23日	5月24日	4,600	184
	合　計		7,500	300
振 込 手 数 料				220
お 振 込 金 額				6,980
お 振 込 日		20XX年5月25日		

ヤマネ急便　株式会社
関東中央配送センター　新宿営業所
〒162-0811
東京都新宿区水道町 X-X-X
TEL. 03(XXXX)XXXX　FAX. 03(XXXX)XXXX

東南銀行

普通預金

年 月 日	お取引内容	お支払金額	お預り金額	差引残高
×-5-25	ヤマネキュウビン（カ	36,225		1,166,894
×-5-25	ヤマネキュウビン（カ		6,980	1,173,874

※「預金出納帳入力」または「仕訳伝票リスト」から類似仕訳を複写
※「仕訳伝票リスト」または「会計帳票」−「元帳」から類似仕訳を複写

ガソリン代を現金で6,000円支払った。

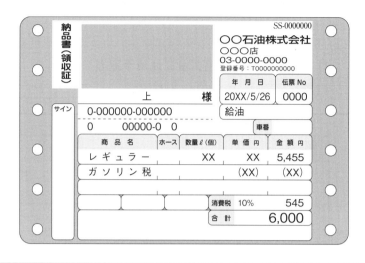

※「現金出納帳入力」または「仕訳伝票リスト」から類似仕訳を複写

東南銀行普通預金口座から電気代18,964円が引き落としとなった。

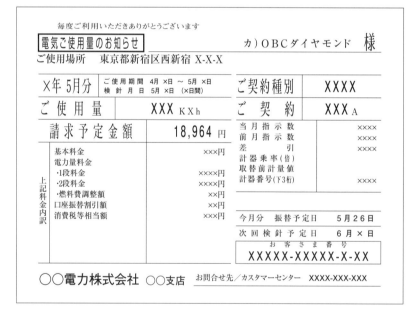

※「預金出納帳入力」または「仕訳伝票リスト」から類似仕訳を複写

例題20 5/26

本日のショップ売上について、レジスタの日計表を確認し、売上金8,200円を東南銀行夜間金庫に預け入れた。

```
20XX/5/26点検              16:04

  日計レポート/グループ集計

総 売 上      1点      ¥8,200
リング         0点          ¥0
ネックレス      0点          ¥0
ピアス         0点          ¥0
イヤリング      0点          ¥0
ペンダント      0点          ¥0
ブローチ        1点      ¥8,200
ブレスレット     0点          ¥0
アンクレット     0点          ¥0
その他         0点          ¥0

=明　細=
BO-117LM     1点      ¥8,200
```

東南銀行

普通預金				
年 月 日	お取引内容	お支払金額	お預り金額	差引残高
×-5-26	電気	18,964		1,154,910
×-5-27	入金　5/26		8,200	1,163,110

※「現金出納帳入力」または「仕訳伝票リスト」から類似仕訳を複写

例題21 5/27

文具を購入し、現金で2,530円支払った。

```
                領 収 証

   ㈱OBCダイヤモンド 様   20XX年 5月 27日

   ★       ¥2,530

   但 文具代として
   上記正に領収いたしました

 内　訳
 税抜金額       2,300円     ○○市○○町 X-X
 消費税額等(10%) 230円      TEL. 03-XXXX-XXXX  FAX. 03-XXXX-XXXX
                           アンOAサプライ
                           登録番号: T0000000000
```

※「現金出納帳入力」または「仕訳伝票リスト」から類似仕訳を複写

本日のインターネット受注1件商品代金11,500円、ヤマネ急便㈱にて代引き発送した。

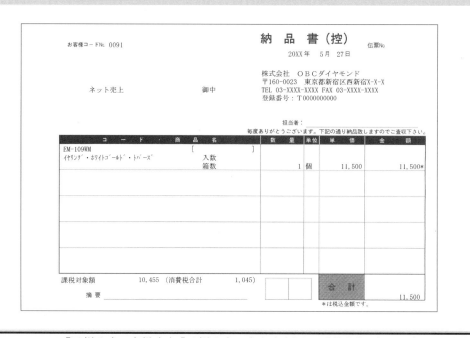

納 品 書（控）

お客様コードNo. 0091

20XX年 5月 27日

伝票No

株式会社 ＯＢＣダイヤモンド
〒160-0023 東京都新宿区西新宿X-X-X
TEL 03-XXXX-XXXX FAX 03-XXXX-XXXX
登録番号：T0000000000

ネット売上　　　　　　御中

担当者：
毎度ありがとうございます。下記の通り納品致しますのでご査収下さい。

コ ー ド ・ 商 品 名		数 量	単位	単 価	金 額
EM-109WM	[ ]				
イヤリング・ホワイトゴールド・トパーズ 入数					
箱数		1	個	11,500	11,500*

課税対象額	10,455	（消費税合計	1,045）		合　計	
摘　要						11,500

＊は税込金額です。

※「元帳入力−売掛金」、「元帳入力−売上高」または「仕訳伝票リスト」から類似仕訳を複写

東南銀行普通預金口座から自動車保険料22,800円、ガス代3,613円が引き落としとなった。

自動車保険料のお知らせ

ご契約者様

　謹啓、ますますご清祥のこととお喜び申し上げます。
　更新のご契約をいただきました自動車保険につきまして、
次のとおり、ご指定の預金口座からお引き落としをさせてい
ただきます。
　つきましては、引き落とし日前日までに残高の確認をよろ
しくお願い申し上げます。

敬具

保険契約番号	XX-XXXX
ご 契 約 日	XX年5月XX日
期　　　　間	XX年5月XX日〜XX年5月XX日
口座振替予定	XX年5月27日
保 険 料	22,800円

××年 5月分	検針結果のお知らせ	
ご使用期間 4月 ×日 〜 5月 ×日		（今回検針日）

メーター取替時ご使用量

今回指示数	XXX	新メーター	m³
前回指示数	XXX	旧メーター	m³
当月分ご使用量	X m³	請求予定金額（税込）	3,613 円

ご使用日数	XX 日	ガス基本料金	XXX
前年同月ご使用量	XXm³	ガス従量料金	XXX
前年同月ご使用日数	XX 日	ガス料分消費税金	XXX
口座振替予定	5月27日		
次回検針予定	X月XX日		

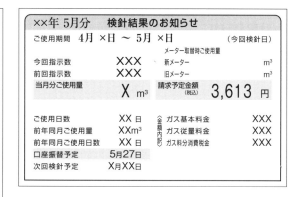

東南銀行

普通預金

年 月 日	お取引内容	お支払金額	お預り金額	差引残高
×-5-27	アイワイホケン	22,800		1,140,310
×-5-27	ガス	3,613		1,136,697

※「預金出納帳入力」または「仕訳伝票リスト」から類似仕訳を複写

本日のショップ売上レジスタの日計表を確認し、本日の売上金15,200円を東南銀行夜間金庫に預け入れた。

```
20XX/5/27 点検                16:08

     日計レポート/グループ集計

総  売  上    1点    ¥15,200

リング          0点         ¥0
ネックレス      0点         ¥0
ピアス          0点         ¥0
イヤリング      0点         ¥0
ペンダント      0点         ¥0
ブローチ        1点    ¥15,200
ブレスレット    0点         ¥0
アンクレット    0点         ¥0
その他          0点         ¥0

=明  細=
BC-111LN        1点    ¥15,200
```

東南銀行

	普通預金			
年 月 日	お取引内容	お支払金額	お預り金額	差引残高
×-5-27	ガス	3,613		1,136,697
×-5-30	入金　5/27		15,200	1,151,897

※「現金出納帳入力」または「仕訳伝票リスト」から類似仕訳を複写

時間貸し駐車料を現金で500円支払った。

```
         領 収 証

        ○○○○駐車場
     登録番号：T0000000000

入庫日時  XX-5-28 XX：XX
出庫日時  XX-5-28 XX：XX

駐車時間        X時間XX分
駐車料金          500円
  （内、消費税額10%    45円）
前払               0円
現金             500円
釣銭               0円
```

※「現金出納帳入力」または「仕訳伝票リスト」から類似仕訳を複写

本日のショップ売上について、レジスタの日計表を確認し、売上金18,400円を東南銀行夜間金庫に預け入れた。

```
20XX/5/28点検              16:05

   日計レポート/グループ集計

総 売 上   1点  ¥18,400
リング          0点       ¥0
ネックレス       0点       ¥0
ピアス          0点       ¥0
イヤリング       0点       ¥0
ペンダント       1点   ¥18,400
ブローチ         0点       ¥0
ブレスレット      0点       ¥0
アンクレット      0点       ¥0
その他          0点       ¥0

=明  細=
PC-101LC       1点   ¥18,400
```

東南銀行	普通預金			
年 月 日	お取引内容	お支払金額	お預り金額	差引残高
×-5-30	入金 5/27		15,200	1,151,897
×-5-30	入金 5/28		18,400	1,170,297

※「現金出納帳入力」または「仕訳伝票リスト」から類似仕訳を複写

時間貸し駐車料を現金で1,300円支払った。

```
        領 収 証

      ○○○○駐車場
    登録番号：T0000000000

入庫日時  XX-5-29 XX：XX
出庫日時  XX-5-29 XX：XX

駐車時間      X時間XX分
駐車料金      1,300円
（内、消費税額10%    118円）
前払            0円
現金         1,300円
釣銭            0円
```

※「現金出納帳入力」または「仕訳伝票リスト」から類似仕訳を複写

今月分書籍購読料を現金で3,925円支払った。

領 収 証

ＯＢＣダイヤモンド㈱ 様　　　　　　　*X* 年 5 月 29 日

¥　　　*3,925*

但　書籍購読料として

上記正に領収いたしました

内　　　訳	
税込金額	3,925円
消費税額(10%)	356円

〇〇県〇〇市〇〇町 X-X
TEL. XX-XXXX-XXXX　FAX. XX-XXXX-XXXX

学芸堂　登録番号：T0000000000

※「現金出納帳入力」または「仕訳伝票リスト」から類似仕訳を複写

本日のショップ売上について、レジスタの日計表を確認し、売上金23,200円を東南銀行夜間金庫に預け入れた。

```
20XX/5/29点検              16:02

   日計レポート/グループ集計

総 売 上    1点   ¥23,200

リング        0点          ¥0
ネックレス     1点     ¥23,200
ピアス        0点          ¥0
イヤリング     0点          ¥0
ペンダント     0点          ¥0
ブローチ       0点          ¥0
ブレスレット    0点          ¥0
アンクレット    0点          ¥0
その他        0点          ¥0

=明　細=
NG-107LE     1点     ¥23,200
```

東南銀行

	普通預金			
年 月 日	お取引内容	お支払金額	お預り金額	差引残高
×-5-30	入金　5/28		18,400	1,170,297
×-5-30	入金　5/29		23,200	1,193,497

※「現金出納帳入力」または「仕訳伝票リスト」から類似仕訳を複写

ガソリン代を現金で6,000円支払った。

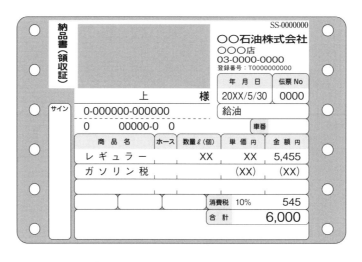

納品書（領収証）

SS-0000000

○○石油株式会社
○○○店
03-0000-0000
登録番号：T0000000000

年 月 日	伝票 No
20XX/5/30	0000

上　　　　様

サイン

0-000000-000000

給油

0　　00000-0　0

車番

商 品 名	ホース	数量ℓ(個)	単 価 円	金 額 円
レ ギ ュ ラ ー		XX	XX	5,455
ガ ソ リ ン 税			(XX)	(XX)
			消費税 10%	545
			合 計	6,000

※「現金出納帳入力」または「仕訳伝票リスト」から類似仕訳を複写

ヤマネ急便㈱より代引き発送分の売上代金11,500円から集金手数料460円、振込手数料220円が相殺されて、東南銀行普通預金口座に10,820円振り込まれた。

【代引き配送報告・お支払いのご案内】

20XX年5月28日

株式会社　ＯＢＣダイヤモンド様

謹啓、ますますご清栄のこととお喜び申し上げます。
平素は、ヤマネ急便・代引き配送「e-トランス」をご利用いただきありがとうございます。
ご依頼頂きました代引き配送におきまして、配達・集金完了分をご案内いたします。
今後ともよろしくお願い申し上げます。　　　　　敬具

配送ナンバー	集荷日	配送日	商品代金	集金手数料
550305683	5月27日	5月28日	11,500	460
	合　計		11,500	460

振 込 手 数 料	220
お 振 込 金 額	10,820
お 振 込 日	20XX年5月30日

ヤマネ急便　株式会社
関東中央配送センター　新宿営業所
〒162-0811
東京都新宿区水道町 X-X-X
TEL. 03(XXXX)XXXX　FAX. 03(XXXX)XXXX

東南銀行

普通預金

年 月 日	お取引内容	お支払金額	お預り金額	差引残高
×-5-30	入金　5/29		23,200	1,193,497
×-5-30	ヤマネキュウビン(カ		10,820	1,204,317

※「仕訳伝票リスト」または「会計帳票」−「元帳」から類似仕訳を複写

東南銀行普通預金口座から携帯電話料41,211円が引き落としとなった。

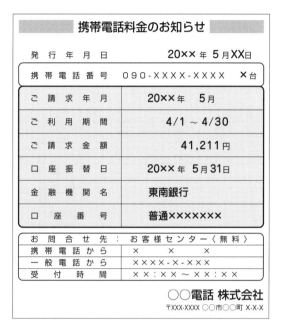

携帯電話料金のお知らせ	
発 行 年 月 日	20×× 年 5 月XX日
携 帯 電 話 番 号	090-XXXX-XXXX　×台
ご 請 求 年 月	20×× 年　5 月
ご 利 用 期 間	4/1 ～ 4/30
ご 請 求 金 額	41,211 円
口 座 振 替 日	20×× 年 5 月31日
金 融 機 関 名	東南銀行
口 座 番 号	普通×××××××

お 問 合 せ 先 ： お客様センター〈無料〉
携 帯 電 話 か ら　　×　　　×　　　×
一 般 電 話 か ら　　××××-×-×××
受 付 時 間　　××：×× ～ ××：××

○○電話 株式会社
〒XXX-XXXX ○○市○○町 X-X-X

東南銀行

普通預金				
年 月 日	お取引内容	お支払金額	お預り金額	差引残高
×-5-31	○○電話	41,211		1,163,106

※「預金出納帳入力」または「仕訳伝票リスト」から類似仕訳を複写

得意先から売上代金が北西銀行普通預金口座に振り込まれた。
- ㈱スローハンド　4月分　2,833,050円（振込手数料660円-当社負担）
- ㈱フォッブス　3月分　3,295,050円（振込手数料660円-当社負担）

回収予定表
自 20×× 年 5月31日 至 20×× 年 5月31日
【回収予定日順・請求処理済・今回御買上額】

回収予定日	コード	請求先名	今回御買上額	現金	小切手	銀行振込	手形	相殺	締日	請求日	回収方法
20××/5/31	3	株式会社 スローハンド	2,833,710	0	0	2,833,710	0	0	20	20××/4/20	
20××/5/31	4	株式会社 フォッブス	3,295,710	0	0	3,295,710	0	0	31	20××/4/30	
		【回収日計 ××.5.31】	6,129,420	0	0	6,129,420	0	0			
		《 合　計 》	6,129,420	0	0	6,129,420	0	0			

北西銀行

普通預金				
年 月 日	摘要	お支払金額	お預り金額	差引残高
×-5-31	振込	(カ)スローハンド	2,833,050	23,719,484
×-5-31	振込	(カ)フォッブス	3,295,050	27,014,534

※「仕訳伝票リスト」または「会計帳票」-「元帳」から類似仕訳を複写

インターネットバンキングを利用し、北西銀行普通預金口座から、事務所兼店舗の翌月分家賃
440,000円を管理会社モリエステート㈱に振り込んだ。

北西銀行インターネットバンキング

振込受付結果　　　　　　　　　　　　　　　　　XX/5/25 10:10:45

【支払口座】

支 店 名	新宿支店
科　　目	普通
口座番号	XXXXXXX

【振込内容】

金融機関名	北西銀行
支 店 名	新宿支店
科　　目	普通
口 座 番 号	XXXXXXX
口 座 名 義	モリエステート（カ
振 込 金 額	440,000
振込手数料	0
引 落 金 額	440,000
振 込 日	XX年5月31日

※「預金出納帳入力」または「仕訳伝票リスト」から類似仕訳を複写

4月分社会保険料561,920円が北西銀行普通預金口座から引き落としになった。
・従業員からの社会保険料先月預り分は、277,577円である。

保険料納入告知額・領収済額通知書

本月分保険料額は、下記のとおりです。
なお、納入告知書を指定の金融機関に送付しましたから、
指定振替日（納付期限）までに振替されるようお願いします。

下記の金額を指定の金融機関から口座振替により受領しました。

事業所整理記号	XXタムハ	事業所番号	XXXXX
納付目的年月	XX年 4月	納付期限	XX年 5月 31日

健康勘定	年金勘定	子ども・子育て支援勘定
健康保険料	厚生年金保険料	子ども・子育て拠出金
225,390円	333,060円	7,164円
合　　計　　額		565,614円

事業所整理記号	XXタムハ	事業所番号	XXXXX
X X年 3月分保険料		領収日	XX年 4月 30日

健康勘定	年金勘定	子ども・子育て支援勘定
健康保険料	厚生年金保険料	子ども・子育て拠出金
225,390円	333,060円	7,164円
合　　計　　額		565,614円

XX年 5月20日

歳入徴収官
XX社会保険事務所長

160-0023　東京都新宿区西新宿
X-X-X
株式会社　OBCダイヤモンド　殿

北西銀行

普通預金				
年月日	摘要	お支払金額	お預り金額	差引残高
×-5-31	振込	440,000	モリエステート（カ）	26,574,534
×-5-31	振替	565,614	シャカイホケン	26,008,920

※「仕訳伝票リスト」または「会計帳票」−「元帳」から類似仕訳を複写

当月20日締め分従業員給料および役員報酬を北西銀行普通預金口座から振り込んだ。

- ・役 員 報 酬 2名支給総額　　1,100,000円
- ・給料手当5名支給総額　　1,176,094円
- ・通　　勤　　費　　　35,260円
- ・振 込 手 数 料　　　　2,200円
- ・社 会 保 険 料 預 り 金　279,225円
- ・源 泉 所 得 税 預 り 金　79,670円
- ・雇 用 保 険 料 徴 収 額　　2,987円
- ・振 込 額 合 計　　1,951,672円

参考：46ページ（第3章 例題5）

総合振込依頼書

1 枚中 1 枚

フリガナ	ＯＢＣダイヤモンド		振込指定日	X年 5月31日
ご依頼人	（株）ＯＢＣダイヤモンド 様			
ご連絡先	00-0000-0000			

北 西 銀 行 御中

銀　行	支　店	預金種類	口座番号	フリガナ お受取人	金　額 円	電信指定	手数料 円	摘要
北西銀行	新宿	普当	1035123	キダ ジュンイチ 木田純一	644,771		0	
北西銀行	新宿	普当	1035456	キダ ヨウコ 木田陽子	248,070		0	
シティ銀行	中野	普当	1164824	サイトウ マコト 斎藤誠	306,974		440	
八大銀行	錦糸町	普当	1865822	ヒラヤマ カズヒロ 平山和宏	286,498		440	
京葉銀行	藤沢	普当	1525874	タケウチ ヤスオ 竹内康夫	273,423		440	
大成銀行	自由が丘	普当	1446917	アベ カズコ 阿部一子	101,294		440	
山手銀行	恵比寿	普当	1288725	マツバラ アイ 松原愛	88,442		440	
				小　計　7 件	1,949,472	小計	2,200	
				合　計　7	1,949,472	合計	2,200	

給与明細一覧表

5月度給与 項目名	001 木田純一	002 木田陽子	003 斎藤誠	004 平山和宏	005 竹内康夫	101 阿部一子	102 松原愛	合計
所定就労日	19.00	19.00	19.00	19.00	19.00	19.00	19.00	
実働時間						96:50	87:50	184:40
普通残業時間				26:00	22:00			48:00
基本給	800,000	300,000	280,000	270,000	260,000	96,834	83,442	2,090,276
役付手当			80,000					80,000
皆勤手当				5,000	5,000			10,000
非課税通勤費			7,640	7,240	10,380	5,000	5,000	35,260
普通残業手当				52,781	43,037			95,818
課税支給合計	800,000	300,000	360,000	327,781	308,037	96,834	83,442	2,276,094
非税支給合計	0	0	7,640	7,240	10,380	5,000	5,000	35,260
支給合計	800,000	300,000	367,640	335,021	318,417	101,834	88,442	2,311,354
社会保険料	103,419	45,180	54,216	39,620	36,790	0	0	279,225
雇用保険料	0	0	1,080	983	924	0	0	2,987
所得税	51,810	6,750	5,370	7,920	7,280	540	0	79,670
住民税	0	0	0	0	0	0	0	0
控除合計	155,299	51,930	60,466	48,523	44,994	540	0	361,882
差引支給合計	644,771	248,070	306,974	286,498	273,423	101,294	88,442	1,949,472
振込手数料			440	440	440	440	440	2,200

北西銀行

	普通預金			
年 月 日	摘要	お 支 払 金 額	お 預 り 金 額	差 引 残 高
×-5-31	振込	1,951,672	ソウゴウフリコミ	24,057,248

※「仕訳伝票リスト」または「会計帳票」−「元帳」から類似仕訳を複写

月末締めの得意先に対し、当月分請求書を発行した。

- ㈱フォッブス　　1,393,370円（税込）
- リトルライ㈱　　1,501,940円（税込）
- ㈱コ　コ　モ　　2,088,350円（税込）

参考：62ページ（第3章 例題37）

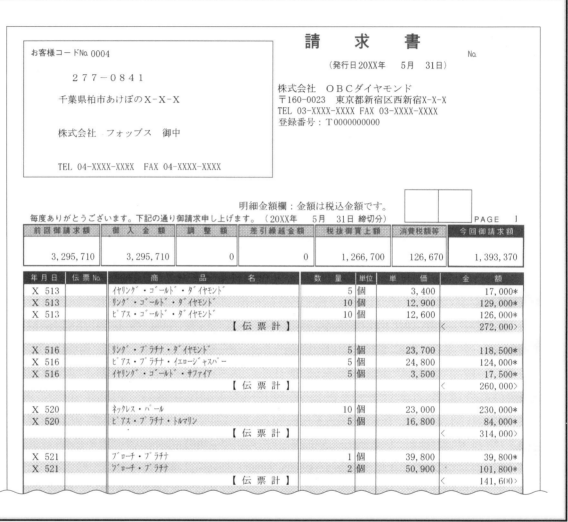

請　求　書

（発行日20XX年　5月　31日）

お客様コード№ 0004

２７７－０８４１

千葉県柏市あけぼのX-X-X

株式会社　フォッブス　御中

TEL 04-XXXX-XXXX　FAX 04-XXXX-XXXX

株式会社　ＯＢＣダイヤモンド
〒160-0023　東京都新宿区西新宿X-X-X
TEL 03-XXXX-XXXX FAX 03-XXXX-XXXX
登録番号：T0000000000

明細金額欄：金額は税込金額です。
毎度ありがとうございます。下記の通り御請求申し上げます。（20XX年　5月　31日 締切分）

PAGE　1

前回御請求額	御入金額	調整額	差引繰越金額	税抜御買上額	消費税額等	今回御請求額
3,295,710	3,295,710	0	0	1,266,700	126,670	1,393,370

年月日	伝票№	商　品　名	数量	単位	単価	金額
X 513		イヤリング・ゴールド・ダイヤモンド	5	個	3,400	17,000*
X 513		リング・ゴールド・ダイヤモンド	10	個	12,900	129,000*
X 513		ピアス・ゴールド・ダイヤモンド	10	個	12,600	126,000*
		【 伝 票 計 】				< 272,000>
X 516		リング・プラチナ・ダイヤモンド	5	個	23,700	118,500*
X 516		ピアス・プラチナ・イエロージャスパー	5	個	24,800	124,000*
X 516		イヤリング・ゴールド・サファイア	5	個	3,500	17,500*
		【 伝 票 計 】				< 260,000>
X 520		ネックレス・パール	10	個	23,000	230,000*
X 520		ピアス・プラチナ・トルマリン	5	個	16,800	84,000*
		【 伝 票 計 】				< 314,000>
X 521		ブローチ・プラチナ	1	個	39,800	39,800*
X 521		ブローチ・プラチナ	2	個	50,900	101,800*
		【 伝 票 計 】				< 141,600>

※「元帳入力：売上高/顧客売上」または「仕訳伝票リスト」から類似仕訳を複写

月末締めの仕入先、外注先から当月分請求書を受領した。

● 仕　　　入　・㈲ Ｊ Ｈ Ｉ　　　　284,526円（税込）

　　　　　　　・クォーレ工業　1,985,159円（税込）

　　　　　　　・ザック金属㈱　2,074,600円（税込）

　　　　　　　・デジテクチャ㈱　675,950円（税込）

● デザイン料　・㈲クラフト設計　264,083円（税込）

　　　　　　　・㈱フリーライン　523,908円（税込）

　　　　　　　・サンポイント㈱　250,288円（税込）

● 運 送 料　・ヤマネ急便㈱　　18,480円（税込）　　　　参考：63ページ（第3章 例題38）

請　求　書

〒160-0023

東京都新宿区西新宿　X-X-X

20XX年　5月　31日　締切分　　No.　5

株式会社　OBCダイヤモンド　御中

クォーレ工業

131-0043　東京都墨田区立花 X-X-X

電話 03（XXXX）XXXX　ファクス 03（XXXX）XXXX

お客様コードNo.

登録番号：T0000000000

毎度ありがとうございます。
下記の通り御請求申し上げます。

前回ご請求分	ご入金額	繰越金額	当月御取引額	消費税等		今回ご請求額
3,331,350	1,366,750	1,964,600	1,985,159	(180,469)		3,949,759

伝票日付	伝票No.	品番・品名	数量	単位	単価	金額	備考
×-5-10	312	イヤリング・ゴールド・サードオニック	5	個	7,200	36,000	EF-107LH
×-5-10	312	イヤリング・ホワイトゴールド・ダイヤモンド	5	個	8,800	44,000	EF-108WH
×-5-10	312	イヤリング・ホワイトゴールド・サードオニック	5	個	6,200	31,000	EF-109WH
×-5-10	312	イヤリング・プラチナ・ガーネット	5	個	14,800	74,000	EF-110NH
×-5-11	313	イヤリング・プラチナ・真珠	10	個	16,700	167,000	EF-116NO
×-5-12	316	ピアス・ゴールド・ダイヤモンド	10	個	9,000	90,000	IO-136LM
×-5-12	316	ピアス・プラチナ・イエロージャスパー	10	個	17,700	177,000	IO-137NM
×-5-13	318	ピアス・ゴールド・イエロージェード	10	個	5,500	55,000	IG-119LM
×-5-13	318	ピアス・プラチナ・ラピスラズリ	10	個	13,400	134,000	IG-120NM

※「元帳入力」または「仕訳伝票リスト」から類似仕訳を複写

第5章 会計情報の活用

Chapter

会計業務は、企業活動がどのようにおこなわれたのか
を計数的に把握する重要な業務です。

個々の取引は、帳簿に記録されることで体系化され、
さらに、帳簿が集計・転記され、試算表が作成されます。
試算表等の集計表は、重要な会計資料として、経営管理上
大きな役割を担っています。

今日の企業会計では期間の比較に重点をおいており、
期間損益計算を第一に会計処理が行われます。

この章では、月次決算処理の内容を学習し、試算表等
の確認をしましょう。

1 月次決算

月次決算は、本来、月次の予算目標（売上予算・費用予算など）に対して実績を集計し、すぐに次の手を打つための資料として企業内部で活用するためのものです。もちろん、年次決算の準備という意味もあります。

「株式会社OBCダイヤモンド（第5章）を開き、月次決算を学習しましょう。

1-1 月次決算の手続き

①売上原価の計算

月ごとの売上高とその原価を対応させるため、月次決算の手続きとして「売上原価の計算」が必要になります。つまり、商品の仕入時には、「仕入高」として費用に計上し、販売時には「売上高」として収益に計上しています。前月から繰り越されてきた商品の棚卸高と月末の未販売が存在する以上、当月の仕入高が当月の売上に対する原価（売上原価）ではありません。

下記のように、当月の仕入高に、前月からの繰り越された商品を加算し、月末の未販売の商品を差し引くことが必要になります。

前月から繰り越されてきた商品 **月初商品棚卸高**	当月の売上高に対応する原価 **月次・売上原価**
当月に仕入れた商品 **月中の仕入高**	月末に未販売の商品 **月末商品棚卸高**

②減価償却費の月割り

備品や車両運搬具、建物などの固定資産については、購入した会計期間に全額を費用にするのではなく、一度、資産として計上し、使用する期間や使用量に応じて徐々にその期間の費用とします。この手続きを減価償却と呼びます。それらの固定資産を利用して収益を上げているのですから、期間ごとに収益に対応する費用として計上する必要があります。また、購入時に全額を費用にすると業績を期間で比較することができなくなることから減価償却の手続きが必要となります。

費用として計上する減価償却の計算は、税法によって計算の方法が定められています。減価償却の手続きは、年次決算時におこなわれますが、月次の決算時には月ごとに業績を比較する目的から月ごとに平均化することがあります。減価償却については、年間の減価償却予定額を月ごとに平均化して計上します。

1-2 売上原価と売上総損益

　売上原価の計算は、「期首商品棚卸高」、「仕入高」、「期末商品棚卸高」という損益計算書に属する勘定科目と、「商品」という貸借対照表に属する勘定科目によって自動的に計算します。

例 題

会計年度　4月から3月の1年間　前期末の商品棚卸高　¥31,977,920
4月末の商品棚卸高　¥25,613,645　5月末の商品棚卸高　¥22,456,841

　会計年度の最初の月末に、前期末の商品を貸借対照表の「商品」勘定から「期首商品棚卸高」勘定へ振り替えます。つまり、前期末の商品を「期首商品棚卸高」勘定へ入力し、当月末の未販売商品を「商品」・「期末商品棚卸高」として入力することにより、月次の売上原価が自動に計算されるのです。

振替伝票			〈日 付〉4月30日	〈伝票No.〉XXX	
借方科目	借方金額	貸方科目	貸方金額	摘　要	
期首商品棚卸高	31,977,920	商品	31,977,920	期首商品棚卸高振替	
商品	25,613,645	期末商品棚卸高	25,613,645	当月末商品棚卸高振替	
借方合計	57,591,565	貸方合計	57,591,565		

　次の月末から、前月の月末商品棚卸高と当月の月末商品棚卸高を入れ替えることにより、当月末までの売上原価の累計が自動に計算されます。

振替伝票			〈日 付〉5月31日	〈伝票No.〉XXX	
借方科目	借方金額	貸方科目	貸方金額	摘　要	
期末商品棚卸高	25,613,645	商品	25,613,645	前月末商品棚卸高振替	
商品	22,456,841	期末商品棚卸高	22,456,841	当月末商品棚卸高振替	
借方合計	48,070,486	貸方合計	48,070,486		

〈5月の月次損益計算書の売上原価の内訳〉

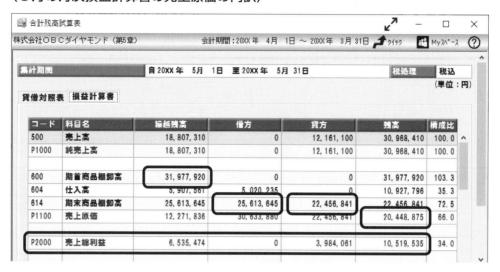

売上高から売上原価を差し引いて、売上総利益（粗利益）を計算します。

4月の売上総利益は¥6,535,474で、5月の売上総利益¥3,984,061を加算して、4月・5月の累計は¥10,519,535と算定されています。

5月末では、4月末の商品棚卸高¥25,613,645を販売済みとして、5月末の商品棚卸高¥22,456,841と入れ替える仕訳により、5月末の商品勘定（借方）と5月末の期末商品棚卸高（貸方）に集計・表示されます。損益計算書に表示されていませんが、5月の売上原価は¥8,177,039と自動計算され、4月の売上原価¥12,271,836と合算されて4・5月の累計の売上原価が¥20,448,875と集計・表示されます。

> 5月の売上原価¥8,177,039 =
>
> 5月の月初商品棚卸高¥25,613,645 ＋ 5月の仕入高¥5,020,235 − 5月末商品棚卸高¥22,456,841

4月と5月を累計した売上原価が自動計算される。（①と②は4月末の月次決算、③と④は5月末の月次決算）

1-3 販売費および一般管理費と営業利益

　販売費及び一般管理費は、旅費や交通費、事務用の消耗品費や賃借料、保険料や給料など、販売活動に関する諸経費や管理費を集めた区分です。月次決算手続きの減価償却費もこの区分に含まれます。

　売上総利益（粗利益）からこれらの販売費及び一般管理費を差し引いて、営業利益を求めます。つまり、企業が本業である営業活動から上げた利益を意味します。

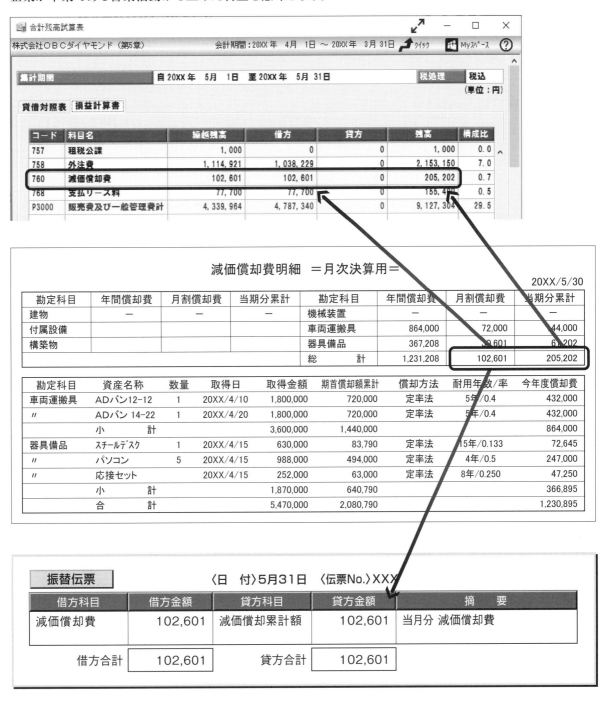

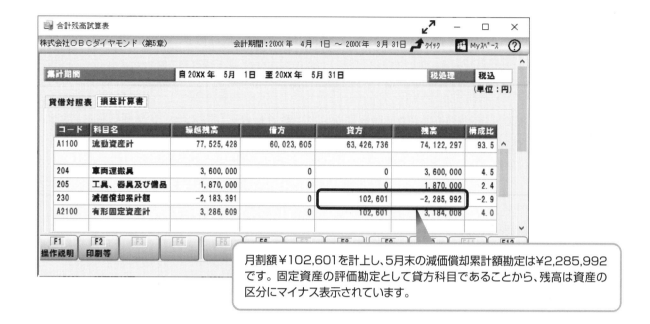

月割額￥102,601を計上し、5月末の減価償却累計額勘定は￥2,285,992です。固定資産の評価勘定として貸方科目であることから、残高は資産の区分にマイナス表示されています。

1-4 営業外項目と経常利益

　企業の営業活動以外で、発生する収益・費用に営業外項目があります。例えば、借入金があれば支払利息が発生します。また、その反対に資金を貸し付ければ受取利息、また株式を保有していれば受取配当金を受け取ることになります。これらの収支を営業利益に加算、減算して、企業の定期的な実力としての利益である経常利益を算定します。

1-5 当期純損益

　経常利益に臨時的な損失や利益を加算、減算して当期純損益を算定します。

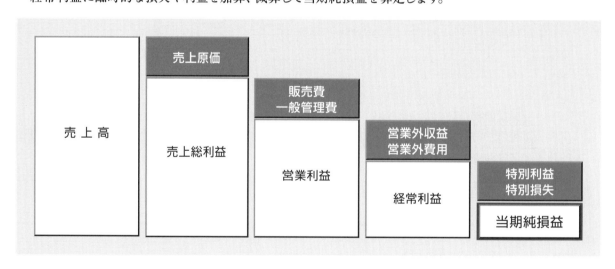

2 貸借対照表の金額

貸借対照表は、資産、負債、純資産の各勘定科目が収録されています。各勘定科目の前月の繰越金額、月ごとの増加額と減少額、そして月末の残高が集計表示されます。勘定奉行では、月または期間を指定して集計することが可能です。

2-1 資産科目

貸借対照表は、下記のような区分で表示されています。勘定科目ごとの増加額・減少額を確認することができます。（集計期間：5月　※一部抜粋）

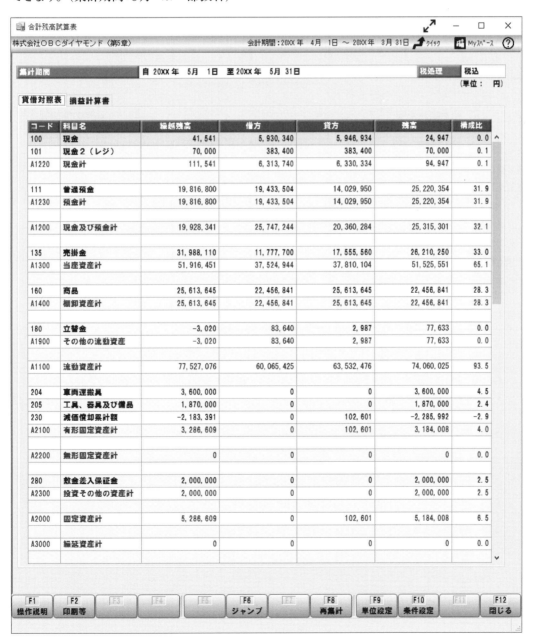

残高試算表：貸借対照表
20××年5月31日

勘定科目	前月残高	借　方	貸　方	残　高
現金計	111,541	6,313,740	6,330,334	94,947
預金計	19,816,800	19,433,504	14,029,950	25,220,354
売掛金	31,988,110	11,777,700	17,555,560	26,210,250
棚卸資産計	25,613,645	22,456,841	25,613,645	22,456,841
その他の流動資産	-3,020	83,640	2,987	77,633
流動資産計	77,527,076	60,065,425	63,532,476	74,060,025
有形固定資産計	3,286,609	0	102,601	3,184,008
無形固定資産計	0	0	0	0
投資その他の資産計	2,000,000	0	0	2,000,000
固定資産計	5,286,609	0	102,601	5,184,008
繰延資産計	0	0	0	0
資産合計	82,813,685	60,065,425	63,635,077	79,244,033

勘定科目	前月残高	借　方	貸　方	残　高
流動負債計	35,897,747	8,875,265	6,722,228	33,744,710
固定負債計	24,500,000	500,000	0	24,000,000
負債合計	60,397,747	9,375,265	6,722,228	57,744,710

当月の減少額　　　当月の増加額

勘定科目	前月残高	借　方	貸　方	残　高
資本金	20,000,000	0	0	20,000,000
資本剰余金	0	0	0	0
利益準備金	0	0	0	0
繰越利益剰余金	2,415,938	916,615	0	1,499,323
その他利益剰余金計	2,415,938	916,615	0	1,499,323
利益剰余金	2,415,938	916,615	0	1,499,323
純資産合計	22,415,938	916,615	0	21,499,323
負債純資産合計	82,813,685	10,291,880	6,722,228	79,244,033

当月の減少額　　　当月の増加額

①現金・預金の確認

残高試算表（貸借対照表）では、月間の増減額と残高が確認できます。総勘定元帳では、各取引内容が確認できます。

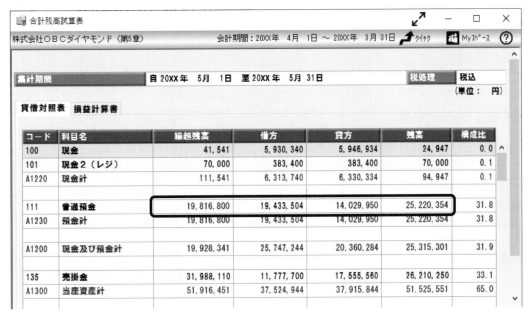

前月である4月の普通預金の残高は、¥19,816,800です。当月5月の普通預金は、¥19,433,504増加し、¥14,029,950減少しました。結果、5月末残高は、¥25,220,354という結果です。

残高試算表の集計結果を確認後、集計内容の確認をしたい場合は、確認対象の科目行をダブルクリックします。「他の帳票へのジャンプ」ダイアログが表示されます。勘定科目の集計内容を確認する場合は、【元帳】ボタンをクリックすると、元帳が表示されます。

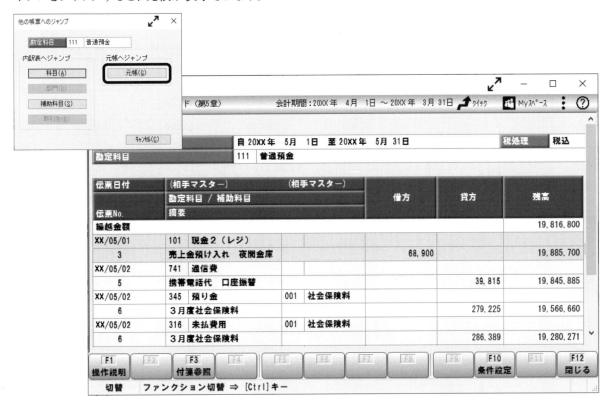

②売掛金の確認

残高試算表（貸借対照表）では、売掛金の増加額と減少額を確認することができます。しかし、得意先ごとの売掛金の増加と回収額は、補助元帳（補助科目）で確認しなければなりません。

残高試算表（貸借対照表）の売掛金の行でダブルクリックします。

「他の帳票へのジャンプ」ダイアログから【補助科目】ボタンをクリックすると、補助科目内訳表が表示されます。

得意先の掛残高（売掛金）

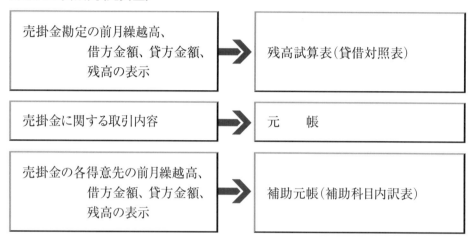

得意先（株）スローハンドの前月4月の売掛金残高は、¥3,488,760です。当月¥2,833,710の掛け代金の回収をおこない、当月¥1,794,430の掛け販売が発生しました。

各勘定科目や補助科目の取引内容を確認するには、それぞれの元帳を集計表示させる必要があります。

2-2 負債科目

負債勘定は、流動負債・固定負債に区分され、負債合計が集計表示されます。買掛金勘定の増減額、残高を集計表示することができますが、買掛金勘定の取引内容や仕入先ごとに集計するためには、総勘定元帳、補助元帳を集計・表示させる必要があります。

合計残高試算表（貸借対照表）の買掛金の行をダブルクリックし、「他の帳票へのジャンプ」ダイアログから、【補助科目】ボタンをクリックします。

仕入先の掛残高（買掛金）

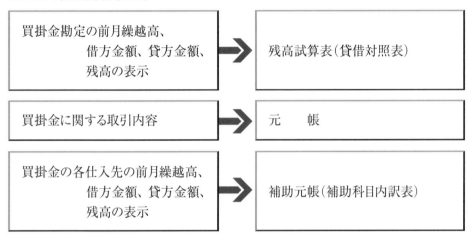

買掛金勘定の前月繰越高、借方金額、貸方金額、残高の表示	→	残高試算表（貸借対照表）
買掛金に関する取引内容	→	元　帳
買掛金の各仕入先の前月繰越高、借方金額、貸方金額、残高の表示	→	補助元帳（補助科目内訳表）

コード	科目名	繰越残高	借方	貸方	残高
305	買掛金				
001	㈲JHI	3,084,334	2,114,398	284,526	1,254,462
002	クォーレ工業	3,331,350	1,366,750	1,985,159	3,949,759
003	ザック金属㈱	1,862,850	488,400	2,074,600	3,449,050
004	花岡メタル㈲	918,962	918,962	0	0
005	デジテクチャ㈱	2,652,892	1,054,317	675,950	2,274,525
	合　計	11,850,388	5,942,827	5,020,235	10,927,796

5月に支払った掛仕入代金（買掛金の減少）

5月の掛仕入高（買掛金の増加）

練習問題・模擬試験問題

practice exam

　この章では、電子会計実務検定試験3級の仕上げとして、本テキストで扱われた設例企業に基づく練習問題を1問と本試験問題を想定した模擬試験問題を2問、解答・解説とともに掲載しています。各問題を開き、挑戦してください。

　なお、会計データが用意できていない場合は、下記サイトからダウンロードし、復元処理を行ってください。

URL https://www.obc.co.jp/obcisp/kyozai

※復元方法は、本書38ページ（第3章 2-2 会計データの復元）を参照してください。

■問題の構成内容

●練習問題：株式会社OBCダイヤモンド

区　分	内　　　容	形　式
知識問題	電子会計に関する知識問題	多岐選択問題
実技問題	会計ソフトを使用したデータ入力と電子会計情報の活用	
設問1	勘定残高等の金額の把握	空欄補充問題
設問2	勘定内容の把握、原因分析	多岐選択問題

●模擬試験問題A：有限会社アフローゼ　　●模擬試験問題B：株式会社白水物産

区　分	内　　　容	形　式	問題数	配　点
知識問題	電子会計に関する知識問題	多岐選択問題	5題	25点
実技問題	会計ソフトを使用したデータ入力と電子会計情報の活用			
設問1	勘定残高等の金額の把握	空欄補充問題	10題	50点
設問2	勘定内容の把握、原因分析	多岐選択問題	5題	25点

1 練習問題（株式会社OBCダイヤモンド）

知識問題

次の文章の空欄に最も適切な語句を、それぞれの語群から選びなさい。

No.	問題および語群
1	会計ソフトでは、入金伝票や出金伝票から入力した入出金データは、すべて自動的に　　　　　画面に反映する。 **解答群**　ア．現金出納帳　　イ．預金出納帳　　ウ．買掛帳　　エ．売掛帳
2	基準期間の課税売上高が1,000万円以下の事業者は、原則として消費税の納税義務が免除される。このような消費税の納付が免除された事業者を　　　　　という。 **解答群**　ア．簡易課税事業者　　イ．免税事業者　　ウ．中小企業者　　エ．非課税事業者
3	代金を現金で支払った場合、相手先から取得する　　　　　には、発行日付、支払者の名称、金額、ただし書き、発行者の名称等、および印などが記載されている。 **解答群**　ア．請求書　　イ．注文書　　ウ．納品書　　エ．領収書
4	電子会計データに障害が起こった時にバックアップデータを使用してデータを復旧させる作業を　　　　　という。 **解答群**　ア．リストラ　　イ．リストア　　ウ．リセット　　エ．リライト
5	会社が従業員に給料を支払った場合、その支払金額から一定の所得税を　　　　　する。 **解答群**　ア．定額徴収　　イ．税額調整　　ウ．源泉徴収　　エ．所得控除
6	とは、勘定科目の内訳管理をするために設定する科目であり、会計ソフトでは必要に応じて設定することができる。 **解答群**　ア．控除科目　　イ．備忘科目　　ウ．予備科目　　エ．補助科目
7	補助科目が設定されている勘定科目の入力内容は、総勘定元帳や　　　　　画面で確認できる。 **解答群**　ア．補助元帳　　イ．補助残高一覧表　　ウ．出納帳　　エ．残高試算表
8	特定の得意先に対する売掛金の回収額は、売掛金元帳画面や　　　　　画面で確認することができる。 **解答群**　ア．売上帳　　イ．補助元帳　　ウ．現金出納帳　　エ．回収予定表

解答欄

No.1		No.2		No.3		No.4		No.5	
No.6		No.7		No.8					

次の文章の空欄に最も適切な語句を、それぞれの語群から選びなさい。

No.	問題および語群
9	_____ は、補助科目が設定された勘定科目の残高の内訳などを出力する電子書類である。 **解答群** ア. 現預金明細表　　イ. 日計表　　ウ. 補助残高一覧表　　エ. 残高試算表
10	特定の得意先の売上高は、売掛金元帳画面や _____ 画面で確認することができる。 **解答群** ア. 貸借対照表　　イ. 損益計算書　　ウ. 残高試算表　　エ. 補助残高一覧表
11	電子取引データを補助科目ごとに分類出力した電子帳簿を _____ と呼び、補助科目ごとに取引の内容、取引金額、残高などを確認することができる。 **解答群** ア. 補助残高一覧表　　イ. 補助元帳　　ウ. 売掛帳　　エ. 総勘定元帳
12	販売費および一般管理費の合計額は、残高試算表の _____ 画面で確認することができる。 **解答群** ア. 総勘定元帳　　イ. 仕訳日記帳　　ウ. 貸借対照表　　エ. 損益計算書
13	普通預金残高は、預金出納帳画面や残高試算表の _____ 画面で確認することができる。 **解答群** ア. 貸借対照表　　イ. 損益計算書　　ウ. 現預金明細書　　エ. 補助元帳
14	売上総利益は、残高試算表の _____ 画面で確認することができる。 **解答群** ア. 貸借対照表　　イ. 損益計算書　　ウ. 製造原価報告書　　エ. 補助残高一覧表
15	電子取引データを勘定科目ごとに期間集計し、一覧表示した電子書類を _____ という。 **解答群** ア. 総勘定元帳　　イ. 科目内訳書　　ウ. 補助残高一覧表　　エ. 残高試算表

解答欄

No.9		No.10		No.11		No.12		No.13	
No.14		No.15							

株式会社OBCダイヤモンドのバックアップデータを復元後、下記の資料にもとづいて、
株式会社OBCダイヤモンドの6月下旬（28日〜30日）の取引を入力し、設問に答えなさい。

＜留意事項＞

1. 会社概要

会 社 名	株式会社 OBCダイヤモンド		
決 算 期	第2期	会 計 期 間	4月1日〜翌年3月31日
業 種	小売・卸売業	事 業 内 容	アクセサリー類の販売および輸入
資 本 金	2,000万円	消費税関係	課税事業者、簡易課税、税込経理方式

2. 商品の購入

当社は、オリジナルデザインと外注先デザインによるアクセサリーをメーカー100%委託により製造
し、販売している。外注デザイン会社、5社。製造委託会社、5社。すべて掛け取引により、月末
を締め日とし、翌々月10日、預金口座に振り込んでいる。

デザイン委託 － (有)クラフト設計、グランデザイン工房、(株)フリーライン、サンポイント(株)、(有)マーカーズ
製造委託 － (有)JHI、クォーレ工業、ザック金属(株)、花岡メタル(有)、デジテクチャ(株)

3. 商品の販売

商品の販売形態は、次の3種類である。

- 店頭販売…本社店頭での現金販売。現金売上高は、レジペーパーの記録にもとづいて日々
計上している。
- インターネット販売…運送会社・ヤマネ急便㈱を利用した代金引換発送。売上高は、納品
書控にもとづいて日々計上している。代金は、ヤマネ急便㈱から手数料相殺後の金額が、
定期的に普通預金口座に振り込まれる。
- 卸売販売…得意先6件に対して掛け売り（代金後払いによる販売）をしている。各社との契
約内容は下表の通り。掛け売上高は、各締め日に得意先への請求金額にもとづいて都度
計上している。

得意先名	形態	締め日	決済日	決済方法	振込手数料
株式会社ダッパダン	卸売	20日締め	翌々20日	振込入金	先方負担
株式会社赤珊瑚堂	卸売	20日締め	翌々20日	振込入金	先方負担
株式会社スローハンド	卸売	20日締め	翌末日	振込入金	当社負担
株式会社フォッブス	卸売	末締め	翌末日	振込入金	当社負担
リトルライ株式会社	卸売	末締め	翌々20日	小切手振出	
株式会社ココモ	卸売	末締め	翌々20日	小切手振出	

4. 使用する勘定科目・補助科目・会計処理方法

使用する勘定科目や補助科目、会計処理の方法については、既に入力済みの取引を参照すること。
また、勘定科目や補助科目の追加はおこなわないこと。

5. その他

取引日が実際には休日等に該当する場合でも、無視して処理をすることとする。

<資料>

1. 領収証・レシート (すべて現金で支払い)

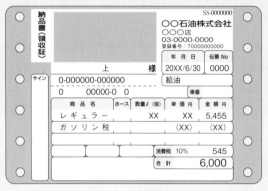

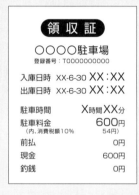

2. 店頭売上 (現金受領後、夜間金庫 (東南銀行普通預金) に当日預け入れ、「101 現金2 (レジ)」を使用)

20XX/6/29点検		16:07
日計レポート/グループ集計		
総 売 上	2点	¥9,800
リング	1点	¥5,600
ネックレス	0点	¥0
ピアス	0点	¥0
イヤリング	0点	¥0
ペンダント	1点	¥4,200
ブローチ	0点	¥0
ブレスレット	0点	¥0
アンクレット	0点	¥0
その他	0点	¥0
=明 細=		
PS-104LI	1点	¥4,200
LC-120WN	1点	¥5,600

20XX/6/30点検		16:03
日計レポート/グループ集計		
総 売 上	5点	¥38,600
リング	2点	¥16,600
ネックレス	0点	¥0
ピアス	1点	¥3,900
イヤリング	1点	¥9,900
ペンダント	0点	¥0
ブローチ	0点	¥0
ブレスレット	1点	¥8,200
アンクレット	0点	¥0
その他	0点	¥0
=明 細=		
LF-113LL	1点	¥7,200
LM-124LM	1点	¥9,400
IM-102LM	1点	¥3,900
EO-124LM	1点	¥9,900
RG-102VH	1点	¥8,200

練習・模擬

3. 給与支払 ― 給与振込一覧表、総合振込依頼書

給与振込一覧表　　　　　　　　　　　　　　　　　　　　株式会社OBCダイヤモンド

給与締め日	20XX年 6月20日	給与支給日	20XX年 6月30日
役員報酬合計	1,100,000円	社会保険預り合計	279,225円
給与支給合計	1,261,686円	雇用保険預り合計	3,177円
通勤費合計	35,260円	所得税預り合計	83,790円
支給合計	2,396,946円	住民税預り合計	29,600円
		控除合計	395,792円
振込手数料	2,200円	差引振込額合計	2,001,154円

給与明細一覧表

6月度給与 項目名	001 木田純一	002 木田陽子	003 斎藤誠	004 平山和宏	005 竹内康夫	101 阿部一子	102 松原愛	合計
所定就労日	21.00	21.00	21.00	21.00	21.00	21.00	21.00	
実働時間						102:50	104:50	207:40
普通残業時間				41:50	38:00			79:50
基本給	800,000	300,000	280,000	270,000	260,000	102,834	99,592	2,112,426
役付手当		80,000						80,000
皆勤手当				5,000	5,000			10,000
非課税通勤費			7,640	7,240	10,380	5,000	5,000	35,260
普通残業手当				84,923	74,337			159,260
課税支給合計	800,000	300,000	360,000	359,923	339,337	102,834	99,592	2,361,686
非税支給合計	0	0	7,640	7,240	10,380	5,000	5,000	35,260
支給合計	800,000	300,000	367,640	367,163	349,717	107,834	104,592	2,396,946
社会保険料	103,419	45,180	54,216	39,620	36,790	0	0	279,225
雇用保険料	0		1,080	1,079	1,018	0	0	3,177
所得税	51,810	6,750	5,370	9,890	8,420	830	720	83,790
住民税	10,800	0	4,700	7,500	6,600	0	0	29,600
控除合計	166,029	51,930	65,366	58,089	52,828	830	720	395,792
差引支給合計	633,791	248,070	302,274	309,074	296,889	107,004	103,872	2,001,154
振込手数料			440	440	440	440	440	2,200

総合振込依頼書

1 枚中 1 枚

フリガナ	ＯＢＣダイヤモンド	振込指定日	XX年 6月30日
ご依頼人	(株)OBCダイヤモンド 様		
ご連絡先	00-0000-0000		

北西 銀行 御中

銀行	支店	預金種別	口座番号	フリガナ お受取人	金額 円	電信指定	手数料 円	摘要
北西銀行	新宿	普当	1035123	キダ ジュンイチ 木田純一	633,971		0	
北西銀行	新宿	普当	1035456	キダ ヨウコ 木田陽子	248,070		0	
シティ銀行	中野	普当	1164824	サイトウ マコト 斎藤誠	302,274		440	
八大銀行	錦糸町	普当	1865822	ヒラヤマ カズヒロ 平山和宏	309,074		440	
京葉銀行	藤沢	普当	1525874	タケウチ ヤスオ 竹内康夫	296,889		440	
大成銀行	自由が丘	普当	1446917	アベ カズコ 阿部一子	107,004		440	
山手銀行	恵比寿	普当	1288725	マツバラ アイ 松原愛	103,872		440	
		小 計	7 件		2,001,154	小計	2,200	
		合 計	7		2,001,154	合計	2,200	

4. 預金通帳

北西銀行

普通預金				
年 月 日	摘要	お 支 払 金 額	お 預 り 金 額	差 引 残 高
×-6-24	税金		コクゼイ 144,898	29,091,564
×-6-24	カード	100,000		28,991,564
×-6-30	振込		(カ)スローハンド 1,891,340 ※1	30,882,904
×-6-30	振込		(カ)フォッブス 1,392,710 ※2	32,275,614
×-6-30	振込	440,000	モリエステート(カ)	31,835,614
×-6-30	振替	565,614	シャカイホケン※3	31,270,000
×-6-30	振込	2,003,354	ソウゴウフリコミ ※4	29,266,646
×-6-30	償還	10,000,000	テガタ ※5	19,266,646

※1：振込手数料　660円　当社負担
※2：振込手数料　660円　当社負担
※3：従業員預かり分　279,225円
※4：総合振込　資料3参照
※5：短期借入金の返済

東南銀行

普通預金				
年 月 日	お取引内容	お支払金額	お預り金額	差引残高
×-6-28	繰越			1,557,599
×-6-28	アイワイホケン※6	22,800		1,534,799
×-6-28	電気	19,848		1,514,951
×-6-28	ガス	3,584		1,511,367
×-6-30	入金　6/29		9,800	1,521,167
×-6-30	○○電話	37,487		1,483,680
×-7-01	入金　6/30		38,600	1,522,280

※6：自動車保険料

練習・模擬

5. 請求書控（月末締め分）および請求先売掛金残高一覧表（20日締め得意先締め後売上分）

○請求書控
- ・6月30日 ㈱フォップス　1,942,490円　（㈱フォップス　6月分売上）
- ・6月30日 リトルライ㈱　2,004,970円　（リトルライ㈱　6月分売上）
- ・6月30日 ㈱ココモ　　　1,548,800円　（㈱ココモ　6月分売上）

<table>
<tr><td colspan="3">お客様コードNo. 0004</td><td colspan="3">請　求　書</td><td>No.</td></tr>
</table>

請　求　書

お客様コードNo. 0004

２７７−０８４１

千葉県柏市あけぼのX−X−X

株式会社　フォップス　御中

TEL 04-XXXX-XXXX　FAX 04-XXXX-XXXX

（発行日20XX年　6月　30日）　No.

株式会社　ＯＢＣダイヤモンド
〒160-0023　東京都新宿区西新宿X−X−X
TEL 03-XXXX-XXXX FAX 03-XXXX-XXXX
登録番号：T0000000000

明細金額欄：金額は税込金額です。

PAGE　1

毎度ありがとうございます。下記の通り御請求申し上げます。（20XX年　6月　30日 締切分）

前回御請求額	御入金額	調整額	差引繰越金額	税抜御買上額	消費税額等	今回御請求額
1,393,370	1,393,370	0	0	1,765,900	176,590	1,942,490

年月日	伝票No.	商　品　名	数量	単位	単価	金額
X 6 3		ブレスレット・シルバー	5	個	4,000	20,000*
		【伝票計】				< 20,000>
X 6 4		リング・ホワイトゴールド	5	個	3,500	17,500*
X 6 4		リング・ホワイトゴールド・ダイヤモンド	5	個	7,200	36,000*
		【伝票計】				< 53,500>
X 6 10		イヤリング・プラチナ・真珠	5	個	23,400	117,000*
X 6 10		ブレスレット・ゴールド	10	個	6,900	69,000*
X 6 10		ブレスレット・プラチナ	2	個	51,100	102,200*
X 6 10		ペンダント・プラチナ	2	個	31,300	62,600*
X 6 10		ネックレス・シルバー	5	個	10,100	50,500*
X 6 10		リング・ゴールド・ダイヤモンド	2	個	11,900	23,800*
X 6 10		リング・プラチナ・ダイヤモンド	2	個	34,900	69,800*
		【伝票計】				< 494,900>
X 6 11		リング・ゴールド・ダイヤモンド	2	個	7,900	15,800*

○請求先別売掛金残高一覧表

請 求 先 別 売 掛 金 残 高 一 覧 表
自 20XX年6月21日　至 20XX年6月30日

【締日 20】
株式会社ＯＢＣダイヤモンド

PAGE: 1

コード	請　求　先　名	繰越売掛金残	入　金　額	税抜売上高	消費税額	税込売上高	差引売掛金残
0001	株式会社　ダッパダン	6,869,500	0	305,700	30,570	336,270	7,205,770
0002	株式会社　赤珊瑚堂	4,974,640	0	846,500	84,650	931,150	5,905,790
0003	株式会社　スローハンド	5,002,580	1,892,000	316,800	31,680	348,480	3,459,060
	《 ページ計 》	16,846,720	1,892,000	1,469,000	146,900	1,615,900	16,570,620
	《 合　　計 》	16,846,720	1,892,000	1,469,000	146,900	1,615,900	16,570,620

6. 請求書

○仕入
- ・6月30日 ㈲JHI　　　　　　　1,373,592円（6月分）
- ・6月30日 クォーレ工業　　　　 1,739,155円（6月分）
- ・6月30日 ザック金属㈱　　　　　 361,295円（6月分）
- ・6月30日 花岡メタル㈲　　　　　 672,650円（6月分）
- ・6月30日 デジテクチャ㈱　　　 1,042,294円（6月分）
- ・6月30日 上海交易有限公司　　 1,689,652円（6月分）

○外注
- ・6月30日 ㈲クラフト設計　　　　 349,965円（6月分）
- ・6月30日 グランデザイン工房　　　 81,312円（6月分）
- ・6月30日 ㈱フリーライン　　　　　 56,133円（6月分）
- ・6月30日 ㈲マーカーズ　　　　　 346,384円（6月分）

○運送料
- ・6月30日 ヤマネ急便㈱　　　　　　 24,675円（6月分）

請　求　書

〒160-0023
東京都新宿区西新宿 X-X-X

20XX年 6月 30日　締切分　No. 5

株式会社　OBC ダイヤモンド 御中

お客様コードNo.

クォーレ工業

131-0043　東京都墨田区立花 X-X-X
電話 03（XXXX）XXXX　ファクス 03（XXXX）XXXX
登録番号：T0000000000

毎度ありがとうございます。
下記の通り御請求申し上げます。

前回ご請求分	ご入金額	繰越金額	当月御取引額	消費税等		今回ご請求額
3,949,050	1,964,600	1,985,159	1,739,155	(158,105)		3,724,314

伝票日付	伝票No.	品番・品名	数量	単位	単価	金額	備考
×-6-1	064	ピアス・ゴールド・ダイヤモンド	20	個	2,000	40,000	IF-120LO
	064	イヤリング・ゴールド・ルビー	20	個	4,300	86,000	EF-111LO
×-6-8	071	ピアス・ゴールド・ダイヤモンド	5	個	3,900	19,500	IO-101LA
	071	ピアス・プラチナ・ダイヤモンド	5	個	29,800	149,000	IO-102NA
	071	ピアス・ゴールド・ダイヤモンド	5	個	3,600	18,000	IO-103LA
	071	ピアス・ゴールド・真珠	5	個	9,800	49,000	IO-104LA
	071	ピアス・ゴールド・タイガーアイ	5	個	3,200	16,000	IO-105LA
	071	ピアス・ゴールド・ダイヤモンド	5	個	5,600	28,000	IO-106LA
×-6-10	025	振込 4月分				1,786,000	
×-6-10	075	ピアス・ゴールド・真珠	5	個	7,000	35,000	IO-107LA
	075	ピアス・プラチナ・ダイヤモンド	5	個	27,800	139,000	IO-108NA
	075	ピアス・ゴールド・ダイヤモンド	5	個	2,900	14,500	IO-109LA

7. 在庫票

棚 卸 集 計 表

20XX年 6月度

商品コード	商 品 名	標準原価 (税込)	5月度 月初	5月度 入庫	5月度 出庫	5月度 月末	棚卸金額
AC-101VF	アンクレット・シルバー・	3,300	0	0	0	0	0
AC-102WF	アンクレット・ホワイトゴールド・	4,600	0	0	0	0	0
AC-103WF	アンクレット・ホワイトゴールド・	4,500	0	0	0	0	0
AC-104NF	アンクレット・プラチナ・	9,800	0	0	0	0	0
AC-105NF	アンクレット・プラチナ・ダイヤモンド・	21,600	1	0	0	1	21,600
AF-101VJ	アンクレット・シルバー・	2,600	2	0	2	0	0
AF-102LJ	アンクレット・ゴールド・ダイヤモンド・	4,400	4	0	1	3	13,200
AF-103WJ	アンクレット・ホワイトゴールド・	7,800	0	0	0	0	0
AF-104NJ	アンクレット・プラチナ	12,600	0	0	0	0	0
RS-106VN	ブレスレット・シルバー・	3,200	12	0	6	6	19,200
RS-107LN	ブレスレット・ゴールド・	3,900	20	0	11	9	35,100
RS-108LN	ブレスレット・ゴールド・	5,800	10	0	10	0	0
RS-109NN	ブレスレット・プラチナ・	24,500	12	0	11	1	24,500
RS-110NN	ブレスレット・プラチナ・	15,500	5	0	5	0	0
	国内製品　　合　計						17,255,916
--------	輸入品（上海）合　計						1,689,652
	総　合　計						18,945,568

8. 減価償却月割額

減価償却費明細　＝月次決算用＝

20XX/6/30

勘定科目	年間償却費	月割償却費	当期分累計	勘定科目	年間償却費	月割償却費	当期分累計
建物	—	—	—	機械装置	—	—	—
付属設備				車両運搬具	864,000	72,000	216,000
構築物				器具備品	367,208	30,601	91,803
				総　　　計	1,231,208	102,601	307,803

勘定科目	資産名称	数量	取得日	取得金額	期首償却額累計	償却方法	耐用年数/率	今年度償却費
車両運搬具	ADバン12-12	1	20XX/4/10	1,800,000	720,000	定率法	5年/0.4	432,000
〃	ADバン 14-22	1	20XX/4/20	1,800,000	720,000	定率法	5年/0.4	432,000
	小　　　計			3,600,000	1,440,000			864,000
器具備品	スチールデスク	1	20XX/4/15	630,000	83,790	定率法	15年/0.133	72,645
〃	パソコン	5	20XX/4/15	988,000	494,000	定率法	4年/0.5	247,000
〃	応接セット		20XX/4/15	252,000	63,000	定率法	8年/0.250	47,250
	小　　　計			1,870,000	640,790			366,895
	合　　　計			5,470,000	2,080,790			1,230,895

次の金額を答えなさい。なお、金額は消費税を含んだ金額とすること。(単位は円)

設問1

No.	問題および語群
16	現金の6月末残高
17	得意先(株)スローハンドに対する6月末売掛金残高
18	6月末の減価償却累計額
19	仕入先(有)JHIに対する6月末買掛金残高
20	6月末の負債合計
21	6月の売上総額
22	6月の売上原価
23	6月末の売上総利益
24	6月末における水道光熱費の残高
25	6月の販売費および一般管理費の合計額

解答欄

No.16		No.17		No.18		No.19	
No.20		No.21		No.22		No.23	
No.24		No.25					

次の設問に該当するものを、それぞれの語群から選んで解答欄に記入しなさい。

設問2

No.	問題および語群
26	6月における売上高が最も多かった得意先 **解答群**　ア. (株)ダッパダン　　イ. (株)赤珊瑚堂　　ウ. (株)スローハンド　　エ. (株)フォッブス
27	6月までにおける仕入高が最も多かった仕入先 **解答群**　ア. (有)JHI　　イ. クォーレ工業　　ウ. ザック金属(株)　　エ. 花岡メタル(有)
28	5月の福利厚生費が6月に比較して多額となっている原因 **解答群**　ア. 飲食代　　イ. 珈琲代　　ウ. 制服代　　エ. 出張旅費
29	リース料の内容 **解答群**　ア. パソコンリース　　イ. コピーリース　　ウ. ファクスリース　　エ. Web通販システム
30	6月における外注費が最も多かった取引先 **解答群**　ア. (有)クラフト設計　　イ. グランデザイン工房　　ウ. (株)フリーライン　　エ. (有)マーカーズ

解答欄

No.26		No.27		No.28		No.29		No.30	

2 模擬試験問題A（有限会社アフローゼ）

知識問題

次の文章の空欄に最も適切な語句を、それぞれの語群から記号で選んで解答欄に記入しなさい。

No.	問題および語群
1	現金で交通費を支払った場合、電子会計において入力対象として考えられる帳票は、現金出納帳、伝票、□□□□□などである。 **解答群**　ア. 残高試算表　　　イ. 元帳　　　ウ. 預金出納帳　　　エ. 経費明細書
2	銀行預金での取引を確認する資料として、預金通帳や当座照合表、小切手帳、口座振替通知書、□□□□□、借入金返済予定表、契約書などがある。 **解答群**　ア. インターネットバンキング申込書控　　イ. 残高証明書　　ウ. 総合振込依頼書控　　エ. 残高試算表
3	資産合計は、残高試算表の□□□□□画面で確認することができる。 **解答群**　ア. 精算表　　　イ. 損益計算書　　　ウ. 貸借対照表　　　エ. 財産目録
4	電子取引データを勘定科目ごとに期間集計し、一覧表示した電子書類を□□□□□という。 **解答群**　ア. 補助残高一覧表　　イ. 残高試算表　　ウ. 現預金明細表　　エ. 法人事業概況書
5	継続的に取引を行う得意先に対し商品を納入したが、取り決めにより、一定期間ごとに取引を集計し代金を請求する場合、未収金額を処理する科目は、□□□□□である。 **解答群**　ア. 未払金　　　イ. 未収入金　　　ウ. 売掛金　　　エ. 買掛金

解答欄

No.1		No.2		No.3		No.4		No.5	

練習・模擬

有限会社アフローゼのバックアップデータを復元後、下記の資料にもとづいて、有限会社アフローゼの5月の取引を入力し、設問に答えなさい。

<留意事項>

1. 会社概要
   商　　　号：有限会社アフローゼ
   資 本 金：300万円
   会計期間：4月1日～翌年3月31日
   業　　　種：小売・卸売業
   消 費 税：簡易課税を選択、税込経理方式を採用

2. 商品の販売
   当社は商品を得意先(おおひろ商事、のぞみ商会、やまぶき商事、ゆうせい商会)に対して掛け販売(代金後払いによる販売)をしている。売掛代金は月末を締日として得意先に請求し、翌月末日に普通預金口座に振り込まれる。掛け売上高は、得意先への請求金額にもとづいて月末に計上している。
   また、一般顧客に対して店頭で商品を現金販売することがある。現金売上高は、売上伝票にもとづいて計上している。

3. 商品の購入
   当社は、商品を仕入先(アイル工業、トモロ工業)から掛け仕入(代金後払いによる購入)をしている。買掛代金は月末を締日として仕入先から請求を受け、翌月末日に仕入先指定口座に振り込んでいる。なお、振込手数料は当社負担の経費としている。掛け仕入高は仕入先からの請求額にもとづいて月末に計上している。

4. 使用する勘定科目・補助科目・会計処理方法
   使用する勘定科目や補助科目、会計処理の方法については、既に入力済みの4月分の取引を参照すること。また、勘定科目や補助科目の追加はおこなわないこと。

5. その他
   ・本問においては、給与にかかる社会保険料は考慮しないこととする。
   ・取引日が実際には休日等に該当する場合でも、無視して処理することとする。

<資料>

1. 領収証・レシート（すべて現金で支払い）

領 収 証
L&Mオオサキ
03-XXXX-XXXX
登録番号：T0000000000

20XX年05月06日　　No.0000

緑茶 200g　　¥2,520※
合 計　¥2,520
（内消費税8%　¥186）
（※軽減税率適用　　）
お預り　　¥3,000
お釣り　　¥480

※福利厚生費で処理

領 収 証

（有）アフローゼ　様　　×年 5月 9日

★ ¥4,000.-

但 収入印紙代として
上記正に領収いたしました

〇〇市〇〇町X-X
山本タバコ店 ㊞

※租税公課で処理

領 収 証

（有）アフローゼ　様　　×年 5月10日

★ ¥4,800.-

但 切手代として
上記正に領収いたしました

課税計(10%)　　0円
（内消費税額　　0円）
非課税　　4,800円

〇〇市〇〇町X-X
アースマート ㊞
登録番号：T0000000000

※通信費で処理

領 収 証

（有）アフローゼ　様　　×年 5月12日

★ ¥24,800.-

但 携帯電話代として
上記正に領収いたしました

内訳
税込金額　　24,800円
消費税額(10%)　2,254円

〇〇市〇〇町X-X
サイトウ電器 ㊞
登録番号：T0000000000

※消耗品費で処理

領 収 証

（有）アフローゼ　様　　×年 5月16日

★ ¥8,850.-

但 折り込み広告代として
上記正に領収いたしました

内訳
税込金額　　8,850円
消費税額(10%)　804円

〇〇市〇〇町X-X
ビート広告社 ㊞

※広告宣伝費で処理

領 収 証
敬 文 堂
03-XXXX-XXXX
登録番号：T0000000000

20XX年05月18日　　No.0000

文具代　　¥1,960
合 計　¥1,960
（内消費税10%　¥178）

お預り　　¥2,000
お釣り　　¥40

※消耗品費で処理

領 収 証

（有）アフローゼ　様　　×年 5月20日

★ ¥24,600.-

但 接待飲食代として
上記正に領収いたしました

内訳
税込金額　　24,600円
消費税額(10%)　2,236円

〇〇市〇〇町X-X
レストラン大賀 ㊞
登録番号：T0000000000

※交際費で処理

領 収 証

（有）アフローゼ　様　　×年 5月24日

★ ¥7,770.-

但 整理棚として
上記正に領収いたしました

内訳
税込金額　　7,770円
消費税額(10%)　706円

〇〇市〇〇町X-X
ショッピングシマダ ㊞
登録番号：T0000000000

※消耗品費で処理

練習・模擬

領　収　証

(有) アフローゼ　　　　様　　　　　　×年 5月26日

★　￥13,200.-

但　接待飲食代として
上記正に領収いたしました

内訳　　　　　　　　　　　　　　　〇〇市〇〇町X-X
税込金額　　　　13,200円　　　　居酒屋ちどり　㊞
消費税額(10%)　1,200円　　　　登録番号：T0000000000

※交際費で処理

領　収　証

(有) アフローゼ　　　　様　　　　　　×年 5月26日

★　￥2,380.-

但　珈琲代として
上記正に領収いたしました

内訳　　　　　　　　　　　　　　　〇〇市〇〇町X-X
税込金額　　　　2,380円　　　　ビクトルコーヒー　㊞
消費税額(10%)　216円　　　　　登録番号：T0000000000

※福利厚生費で処理

領　収　証

(有) アフローゼ　　　　様　　　　　　×年 5月31日

★　￥880.-

但　郵送代として
上記正に領収いたしました

課税計(10%)　　880円　　　　　〇〇市〇〇町X-X
(内消費税額　　80円)　　　　　本町郵便局　㊞

※通信費で処理

領　収　証

(有) アフローゼ　　　　様　　　　　　×年 5月31日

★　￥28,641.-

但　ガソリン代 5月分として
上記正に領収いたしました

内訳　　　　　　　　　　　　　　　〇〇市〇〇町X-X
税込金額　　　　28,641円　　　　(有)小島鉱油　㊞
消費税額(10%)　2,603円　　　　登録番号：T0000000000

※旅費交通費で処理

2. 売上伝票（伝票日付にて現金で受領）

<table>
<tr><td colspan="4" align="center">売 上 伝 票</td></tr>
<tr><td colspan="4" align="center">20XX年 5月 6日</td></tr>
<tr><td colspan="4">大 崎 商 事 様</td></tr>
<tr><td>品　名</td><td>数量</td><td>単価</td><td>金　額</td></tr>
<tr><td>XXX</td><td>X</td><td>XX</td><td>XXXX</td></tr>
<tr><td>XXX</td><td>X</td><td>XX</td><td>XXXX</td></tr>
<tr><td>XXX</td><td>X</td><td>XX</td><td>XXXX</td></tr>
<tr><td>XXX</td><td>X</td><td>XX</td><td>XXXX</td></tr>
<tr><td>XXX</td><td>X</td><td>XX</td><td>XXXX</td></tr>
<tr><td>XXX</td><td>X</td><td>XX</td><td>XXXX</td></tr>
<tr><td>XXX</td><td>X</td><td>XX</td><td>XXXX</td></tr>
<tr><td></td><td></td><td></td><td></td></tr>
<tr><td>小計</td><td></td><td></td><td>161,414</td></tr>
<tr><td>消費税(10%)</td><td></td><td></td><td>16,141</td></tr>
<tr><td>合計金額</td><td></td><td></td><td>177,555</td></tr>
</table>

有限会社アフローゼ
××市××町×－×
Tel. 000－000－0000

3. 給与支払明細書（5月25日に現金で支払い）

<table>
<tr><td colspan="3" align="center">給与支払明細書</td></tr>
<tr><td colspan="3" align="center">（20XX年 5月分）</td></tr>
<tr><td colspan="3" align="center">○ ○ ○ ○ 殿</td></tr>
<tr><td colspan="2">労 働 日 数</td><td>17日</td></tr>
<tr><td colspan="2">労 働 時 間</td><td>時間　分</td></tr>
<tr><td colspan="2">所 定 時 間 外 労 働</td><td>18時間 30分</td></tr>
<tr><td rowspan="6">支
給
額</td><td>基　本　給</td><td>160,000</td></tr>
<tr><td>残 業 手 当</td><td>22,200</td></tr>
<tr><td>役 職 手 当</td><td></td></tr>
<tr><td>家 族 手 当</td><td></td></tr>
<tr><td>交　通　費</td><td></td></tr>
<tr><td>合　計</td><td>182,200</td></tr>
<tr><td rowspan="7">控
除
額</td><td>健 康 保 険 料</td><td></td></tr>
<tr><td>厚 生 年 金</td><td></td></tr>
<tr><td>雇 用 保 険 料</td><td></td></tr>
<tr><td>所　得　税</td><td>6,460</td></tr>
<tr><td>住　民　税</td><td></td></tr>
<tr><td></td><td></td></tr>
<tr><td>合　計</td><td>0</td></tr>
<tr><td colspan="2">差 引 支 給 額</td><td>175,740</td></tr>
</table>

有限会社アフローゼ

4. 請求書控

請求書（控）

20××年 5月31日

おおひろ商事　　様

(有) アフローゼ
〇〇市〇〇町X-X
Tel. 000-000-0000
登録番号：T0000000000

下記の通りご請求申し上げます。

月	日	品名	単価	数量	金額
5	X	XXXXXXXX	XX	XX	XXXXX
	X	XXXXXXXX	XX	XX	XXXXX
	X	XXXXXXXX	XX	XX	XXXXX
	X	XXXXXXXX	XX	XX	XXXXX
		小　　計			1,761,137
		消費税 (10%)			176,113
		合　　計			1,937,250

請求書（控）

20××年 5月31日

のぞみ商会　　様

(有) アフローゼ
〇〇市〇〇町X-X
Tel. 000-000-0000
登録番号：T0000000000

下記の通りご請求申し上げます。

月	日	品名	単価	数量	金額
5	X	XXXXXXXX	XX	XX	XXXXX
	X	XXXXXXXX	XX	XX	XXXXX
	X	XXXXXXXX	XX	XX	XXXXX
	X	XXXXXXXX	XX	XX	XXXXX
	X	XXXXXXXX	XX	XX	XXXXX
	X	XXXXXXXX	XX	XX	XXXXX
		小　　計			2,113,364
		消費税 (10%)			211,336
		合　　計			2,324,700

請求書（控）

20××年 5月31日

やまぶき商事　　様

(有) アフローゼ
〇〇市〇〇町X-X
Tel. 000-000-0000
登録番号：T0000000000

下記の通りご請求申し上げます。

月	日	品名	単価	数量	金額
5	X	XXXXXXXX	XX	XX	XXXXX
	X	XXXXXXXX	XX	XX	XXXXX
	X	XXXXXXXX	XX	XX	XXXXX
	X	XXXXXXXX	XX	XX	XXXXX
	X	XXXXXXXX	XX	XX	XXXXX
	X	XXXXXXXX	XX	XX	XXXXX
		小　　計			815,182
		消費税 (10%)			81,518
		合　　計			896,700

請求書（控）

20××年 5月31日

ゆうせい商会　　様

(有) アフローゼ
〇〇市〇〇町X-X
Tel. 000-000-0000
登録番号：T0000000000

下記の通りご請求申し上げます。

月	日	品名	単価	数量	金額
5	X	XXXXXXXX	XX	XX	XXXXX
	X	XXXXXXXX	XX	XX	XXXXX
	X	XXXXXXXX	XX	XX	XXXXX
	X	XXXXXXXX	XX	XX	XXXXX
	X	XXXXXXXX	XX	XX	XXXXX
		小　　計			263,455
		消費税 (10%)			26,345
		合　　計			289,800

5. 請求書

<table>
<tr><td colspan="8" align="center">請 求 書</td><td>20××年 5月31日</td></tr>
</table>

有限会社アフローゼ 様

アイル工業
○○市○○町X-X
Tel. 000-000-0000
登録番号：T0000000000

下記の通りご請求申し上げます。

月	日	品名	単価	数量	金額	摘要
5	X	XXXXXXXX	XX	XX	XXXXX	
	X	XXXXXXXX	XX	XX	XXXXX	
	X	XXXXXXXX	XX	XX	XXXXX	
	X	XXXXXXXX	XX	XX	XXXXX	
		小　　計			2,314,773	
		消費税(10%)			231,477	
		合　　計			2,546,250	

請 求 書　　20××年 5月31日

有限会社アフローゼ 様

トモロ工業　○○市○○町X-X
Tel. 000-000-0000
登録番号：T0000000000

税込合計金額	￥2,161,110.-

摘　要	金　額	備　考
別紙請求書（2枚）	￥1,964,646	
消費税（税率10%）	￥196,464	
当月お取引金額	￥2,161,110	

上記の通りご請求申し上げます。

6. インターネットバンキング振込受付結果表

青葉銀行インターネットバンキング

振込受付結果　20××/5/25 10:10:45

【支払口座】

支店名	XX支店
科目	普通
口座番号	XXXXXXX

【振込内容】

金融機関名	XX銀行
支店名	XX支店
科目	普通
口座番号	XXXXXXX
口座名義	アイルコウギョウ
振込金額	1,786,280
振込手数料	440
引落金額	1,786,720
振込日	20××年5月31日

※指定通り振込みが実行されている

青葉銀行インターネットバンキング

振込受付結果　20××/5/25 10:12:30

【支払口座】

支店名	XX支店
科目	普通
口座番号	XXXXXXX

【振込内容】

金融機関名	XX銀行
支店名	XX支店
科目	普通
口座番号	XXXXXXX
口座名義	トモロコウギョウ
振込金額	1,727,880
振込手数料	440
引落金額	1,728,320
振込日	20××年5月31日

※指定通り振込みが実行されている

練習・模擬

7. 預金通帳

預金通帳

	年 月 日	摘要	お 支 払 金 額		お 預 り 金 額	差 引 残 高
1	×-05-01	繰越				6,567,524-
2	×-05-06		300,000			6,267,524-
3	×-05-06	電話	28,465			6,239,059-
4	×-05-09	電話	13,235			6,225,824-
5	×-05-25	水道	2,360			6,223,464-
6	×-05-26			※1	175,000	6,398,464-
7	×-05-27	口座振替	7,950	アンシン自動車保険		6,390,514-
8	×-05-27	電気	16,330			6,374,184-
9	×-05-30	ガス	5,011			6,369,173-
10	×-05-31	クレジット	61,320	セイコーキャピタル		6,307,853-
11	×-05-31	家賃	168,000	アサヒ不動産		6,139,853-
12	×-05-31	IB送金	1,786,280			4,353,573-
13	×-05-31	振込手数料	440			4,353,133-
14	×-05-31	IB送金	1,727,880			2,625,253-
15	×-05-31	振込手数料	440			2,624,813-
16	×-05-31	振込	おおひろ商事		1,740,900	4,365,713-
17	×-05-31	振込	のぞみ商会		2,133,600	6,499,313-
18	×-05-31	振込	やまぶき商事		680,820	7,180,133-
19	×-05-31	振込	ゆうせい商会		358,575	7,538,708-
20						
21						
22						
23						
24						

※1：現金の預け入れ

8. 在庫表

在 庫 表
20××年 5月31日 現在

コード	商 品 名	数 量	単 価	金 額
xx-xxx	XXXXXX	XX	XXX	XXXX
xx-xxx	XXXXXX	XX	XXX	XXXX
xx-xxx	XXXXXX	XX	XXX	XXXX
xx-xxx	XXXXXX	XX	XXX	XXXX
	小計			1,179,055
	消費税(10%)			117,905
	合計金額			1,296,960

9. 減価償却月割額

減価償却月割額
20××年 5月度

区 分	年 額	月 割 額
車両運搬具	160,871	13,405
備品	114,727	9,559
合 計	275,598	22,964

次の金額を答えなさい。なお、金額は消費税を含んだ金額とすること。（単位は円）

設問1

No.	問題および語群
6	現金の5月末残高
7	商品の5月末残高
8	5月末の資産合計
9	5月末における総売上高
10	5月の総仕入高
11	5月の販売費および一般管理費合計
12	5月末における当期純利益
13	のぞみ商会に対する売掛金の5月の回収額
14	やまぶき商事に対する売掛金の5月末残高
15	アイル工業に対する買掛金の5月末残高

解答欄

No.6		No.7		No.8		No.9	
No.10		No.11		No.12		No.13	
No.14		No.15					

次の設問に該当するものを、それぞれの語群から選んで解答欄に記入しなさい。

設問2

No.	問題および語群
16	5月における売上高が最も少なかった得意先 **解答群** ア. おおひろ商事　　イ. のぞみ商会　　ウ. やまぶき商事　　エ. ゆうせい商会
17	5月の消耗品費が4月に比較して多額となっている原因 **解答群** ア. 整理棚　　イ. 文具代　　ウ. 珈琲代　　エ. 携帯電話代
18	4月の広告宣伝費の内容 **解答群** ア. 新聞広告　　イ. 雑誌広告代　　ウ. 求人広告　　エ. 折込広告代
19	租税公課の内容 **解答群** ア. 事業税　　イ. 源泉所得税　　ウ. 郵送代　　エ. 印紙代
20	切手の購入先 **解答群** ア. 山本タバコ店　　イ. 敬文堂　　ウ. 本町郵便局　　エ. アースマート

解答欄

No.16		No.17		No.18		No.19		No.20	

模擬試験問題B（株式会社白水物産）

知識問題

次の文章の空欄に最も適切な語句を、それぞれの語群から選びなさい。

No.	問題および語群
1	当月に支払った旅費交通費の内容を調べる場合は、□□□□□□から勘定科目を指定して確認する。 **解答群** ア. 残高試算表　　イ. 補助元帳　　ウ. 総勘定元帳　　エ. 仕訳(日記)帳
2	徴収した源泉所得税は、原則として給与や報酬を支払った日の翌月の□□□□□□までに国に納付しなければならない。 **解答群** ア. 5日　　イ. 10日　　ウ. 15日　　エ. 20日
3	従業員が残業した際に会社側で用意した食事代は、□□□□□□勘定で処理する。 **解答群** ア. 雑費　　イ. 交際費　　ウ. 福利厚生費　　エ. 雑給
4	財務会計ソフトでは、入力したデータを計算・集計して□□□□□□を出力することができる。 **解答群** ア. 見積書　　イ. 決算書　　ウ. 請求書　　エ. 納品書
5	注文を受けた商品を発送する際に支払った荷造運賃は、□□□□□□に属する発送費勘定や荷造運賃勘定などの科目で処理する。 **解答群** ア. 売上原価　　イ. 特別損失　　ウ. 営業外費用　　エ. 販売費及び一般管理費

解答欄

No.1		No.2		No.3		No.4		No.5	

練習・模擬

株式会社白水物産のバックアップデータを復元後、下記の資料にもとづいて、株式会社白水物産（以下当社という）の5月の取引を会計ソフトに入力した後で、資料の後にある設問に答えなさい。なお、金額は消費税を含んだ金額とすること（単位は円）。

＜留意事項＞

1. 会社概要

　　商　　　号：株式会社 白水物産

　　業　　　種：小売・卸売業

　　会計期間：4月1日～翌年3月31日

　　資　本　金：1,000万円

　　消費税関係：簡易課税を選択、税込経理方式を採用

2. 商品の購入

　　当社は、商品を仕入先（グリー工業㈱、アエリアル工業㈱）から掛け仕入（代金後払いによる購入）をしている。

　　買掛代金は月末を締日として仕入先から請求を受け、翌月末日に仕入先指定口座に振り込んでいる。

　　なお、振込手数料は当社負担の経費としている。掛け仕入高は仕入先からの請求額に基づいて月末に計上している。

3. 商品の販売

　　当社は商品を得意先（㈱喜久井商事、㈱弁天商事、㈱銀杏商事、㈱相生商事）に対して掛け販売（代金後払いによる販売）をしている。

　　売掛代金は月末を締日として得意先に請求し、翌月末日に普通預金口座に振り込まれている。

　　掛け売上高は、得意先への請求金額に基づいて月末に計上している。

　　また、一般顧客に対して店頭で商品を現金販売することがある。現金売上高は、売上伝票に基づいて計上している。

4. 使用する勘定科目・補助科目、会計処理方法

　　使用する勘定科目や補助科目、会計処理の方法については、既に入力済みの4月分の取引を参照すること。また、勘定科目や補助科目の追加は行わないこと。

5. その他

　　・本問においては、給与にかかる社会保険料は考慮しないこととする。

　　・取引日が実際には休日等に該当する場合でも、無視して処理することとする。

<資料>

1. 領収証・レシート（すべて現金で支払い）

領 収 証

（株）白水物産　　様　　　　　×年 5月 1日

★ ￥96,880.－

但　パソコン購入代として
上記正に領収いたしました

内訳　　　　　　　　　　　　○○市○○町X－X
税込金額　　96,880円　　　ステック商会 印
消費税額(10%)　8,807円　　登録番号：T0000000000

※消耗品費で処理

領 収 証

（株）白水物産　　様　　　　　×年 5月 2日

★ ￥16,560.－

但　文房具代として
上記正に領収いたしました

内訳　　　　　　　　　　　　○○市○○町X－X
税込金額　　16,560円　　　フレンド文具店 印
消費税額(10%)　1,505円　　登録番号：T0000000000

※消耗品費で処理

領 収 証

（株）白水物産　　様　　　　　×年 5月 2日

★ ￥32,400.－

但　雑誌広告代として
上記正に領収いたしました

内訳　　　　　　　　　　　　○○市○○町X－X
税込金額　　32,400円　　　アドメディア広告 印
消費税額(10%)　2,945円　　登録番号：T0000000000

※広告宣伝費で処理

領 収 証

（株）白水物産　　様　　　　　×年 5月 9日

★ ￥13,200.－

但　出張旅費として
上記正に領収いたしました

鈴木 陽介 印

※旅費交通費で処理

領 収 証

（株）白水物産　　様　　　　　×年 5月10日

★ ￥4,000.－

但　収入印紙代として
上記正に領収いたしました

課税計(10%)　　0円　　　　○○市○○町X－X
(内消費税額　　0円)　　　深江市郵便局 印
非課税　　　4,000円

※租税公課で処理

領 収 証

（株）白水物産　　様　　　　　×年 5月10日

★ ￥17,440.－

但　接待飲食代として
上記正に領収いたしました

内訳　　　　　　　　　　　　○○市○○町X－X
税込金額　　17,440円　　　魚屋鮮兵衛 印
消費税額(10%)　1,585円　　登録番号：T0000000000

※交際費で処理

領 収 証

（株）白水物産　　様　　　　　×年 5月11日

★ ￥2,378.－

但　清掃用具代として
上記正に領収いたしました

内訳　　　　　　　　　　　　○○市○○町X－X
税込金額　　2,378円　　　　シーハンズ雑貨店 印
消費税額(10%)　216円　　　登録番号：T0000000000

※消耗品費で処理

領収証
スーパーイレブン
03-XXXX-XXXX
登録番号：T0000000000

20XX年05月12日　　　　No.0000

緑茶　200g　　　￥1,842※

合 計　　￥1,842
（内消費税8%　￥136）
（※軽減税率適用　　）

お預り　　　　￥2,000
お釣り　　　　￥158

※福利厚生費で処理

練習・模擬

領 収 証

(株) 白水物産 　　　様　　　　　×年 5月15日

★ ￥4,320.−

但 贈答品代として
上記正に領収いたしました

内訳
税込金額　　　　4,320円　　　　　　　　○○市○○町X−X
消費税額(10%)　　392円　　　　　　　あけぼの堂 印
　　　　　　　　　　　　　　　　　登録番号：T0000000000

※交際費で処理

領 収 証

スーパーはやた
03-XXXX-XXXX
登録番号：T0000000000

20XX年05月17日　　　No.0000

コーヒー 500g　　￥2,250※

合 計　　￥2,250
（内消費税8%　　￥166）
（※軽減税率適用　　　　）
お預り　　　　￥2,300
お釣り　　　　　￥50

※福利厚生費で処理

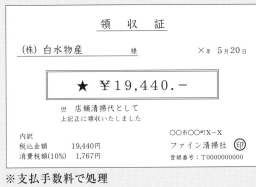

領 収 証

(株) 白水物産 　　　様　　　　　×年 5月20日

★ ￥19,440.−

但 店舗清掃代として
上記正に領収いたしました

内訳
税込金額　　　19,440円　　　　　　　○○市○○町X−X
消費税額(10%)　1,767円　　　　　　ファイン清掃社 印
　　　　　　　　　　　　　　　　　登録番号：T0000000000

※支払手数料で処理

領 収 証

(株) 白水物産 　　　様　　　　　×年 5月24日

★ ￥1,040.−

但 はがき代として
上記正に領収いたしました

課税計(10%)　　　0円　　　　　　　○○市○○町X−X
（内消費税額　　　0円）　　　　　　深江市郵便局 印
非課税　　　　1,040円

※通信費で処理

領 収 証

(株) 白水物産 　　　様　　　　　×年 5月26日

★ ￥1,600.−

但 切手代として
上記正に領収いたしました

課税計(10%)　　　0円　　　　　　　○○市○○町X−X
（内消費税額　　　0円）　　　　　　深江市郵便局 印
非課税　　　　1,600円

※通信費で処理

領 収 証

(株) 白水物産 　　　様　　　　　×年 5月31日

★ ￥4,037.−

但 書籍購読料として
上記正に領収いたしました

内訳
税込金額　　　　4,037円　　　　　　　○○市○○町X−X
消費税額(10%)　　369円　　　　　　　蛍雪堂書店 印
　　　　　　　　　　　　　　　　　登録番号：T0000000000

※消耗品費で処理

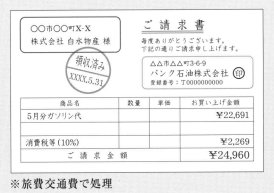

ご 請 求 書

○○市○○町X−X
株式会社 白水物産 様

領収済み
XXXX.5.31

毎度ありがとうございます。
下記の通りご請求申し上げます。

△△市△△町3-6-9
バンク石油株式会社 印
登録番号：T0000000000

商品名	数量	単価	お買い上げ金額
5月分ガソリン代			￥22,691
消費税等(10%)			￥2,269
ご 請 求 金 額			￥24,960

※旅費交通費で処理

2. 売上伝票（5月17日に入金）

売 上 伝 票
20××年 5 月 17日

小川和美 様

品　名	数量	単価	金　額
XXX	X	XX	XXXX
XXX	X	XX	XXXX
XXX	X	XX	XXXX
XXX	X	XX	XXXX
XXX	X	XX	XXXX
XXX	X	XX	XXXX
XXX	X	XX	XXXX
小計			166,746
消費税(10%)			16,674
合計金額			183,420

株式会社白水物産
××市××町×－×
Tel. 000－000－0000

3. 給与支払明細書（5月25日に現金で支払い）

給与支払明細書
（20××年 5 月分）

〇〇〇〇 殿

労　働　日　数		XX日
労　働　時　間		時間　分
所定時間外労働		XX時間 XX分
支給額	基　本　給	XXX,XXX
	残　業　手　当	XX,XXX
	合　計	XXX,XXX
控除額	所　得　税	X,XXX
	合　計	X,XXX
差　引　支　給　額		XXX,XXX

株式会社白水物産

給料手当　4名	¥918,000
源泉所得税預り金	¥33,230
現金	¥884,770

練習・模擬

138

4. 請求書控

請求書（控）

20××年 5月31日

㈱喜久井商事　　様

㈱白水物産
○○市○○町X－X
Tel. 000-000-0000
登録番号：T0000000000

下記の通りご請求申し上げます。

月日		品名	単価	数量	金額
5	X	XXXXXXXX	XX	XX	XXXXX
	X	XXXXXXXX	XX	XX	XXXXX
	X	XXXXXXXX	XX	XX	XXXXX
	X	XXXXXXXX	XX	XX	XXXXX
		小　計			846,818
		消費税（10%）			84,681
		合　計			931,499

請求書（控）

20××年 5月31日

㈱弁天商事　　様

㈱白水物産
○○市○○町X－X
Tel. 000-000-0000
登録番号：T0000000000

下記の通りご請求申し上げます。

月日		品名	単価	数量	金額
5	X	XXXXXXXX	XX	XX	XXXXX
	X	XXXXXXXX	XX	XX	XXXXX
	X	XXXXXXXX	XX	XX	XXXXX
	X	XXXXXXXX	XX	XX	XXXXX
	X	XXXXXXXX	XX	XX	XXXXX
	X	XXXXXXXX	XX	XX	XXXXX
		小　計			1,052,853
		消費税（10%）			105,285
		合　計			1,158,138

請求書（控）

20××年 5月31日

㈱銀杏商事　　様

㈱白水物産
○○市○○町X－X
Tel. 000-000-0000
登録番号：T0000000000

下記の通りご請求申し上げます。

月日		品名	単価	数量	金額
5	X	XXXXXXXX	XX	XX	XXXXX
	X	XXXXXXXX	XX	XX	XXXXX
	X	XXXXXXXX	XX	XX	XXXXX
	X	XXXXXXXX	XX	XX	XXXXX
	X	XXXXXXXX	XX	XX	XXXXX
	X	XXXXXXXX	XX	XX	XXXXX
		小　計			1,402,430
		消費税（10%）			140,243
		合　計			1,542,673

請求書（控）

20××年 5月31日

㈱相生商事　　様

㈱白水物産
○○市○○町X－X
Tel. 000-000-0000
登録番号：T0000000000

下記の通りご請求申し上げます。

月日		品名	単価	数量	金額
5	X	XXXXXXXX	XX	XX	XXXXX
	X	XXXXXXXX	XX	XX	XXXXX
	X	XXXXXXXX	XX	XX	XXXXX
	X	XXXXXXXX	XX	XX	XXXXX
	X	XXXXXXXX	XX	XX	XXXXX
		小　計			1,290,797
		消費税（10%）			129,079
		合　計			1,419,876

5. 請求書

<table>
<tr><td colspan="6" align="center">請 求 書</td><td>20××年 5月31日</td></tr>
<tr><td colspan="6">株式会社 白水物産 様</td><td>グリー工業㈱
○○市○○町X－X
Tel. 000-000-0000
登録番号：T0000000000</td></tr>
</table>

下記の通りご請求申し上げます。

月日		品名	単価	数量	金額	摘要
5	X	XXXXXXXX	XX	XX	XXXXX	
	X	XXXXXXXX	XX	XX	XXXXX	
	X	XXXXXXXX	XX	XX	XXXXX	
	X	XXXXXXXX	XX	XX	XXXXX	
		小　　計			1,418,837	
		消費税(10%)			141,883	
		合　　計			1,560,720	

請 求 書

20××年 **5月31日**

株式会社 白水物産 様

アエリアル工業㈱
○○市○○町X－X
Tel. 000-000-0000
登録番号：T0000000000

税込合計金額	￥710,325.－	
摘　要	金　額	備　考
別紙請求書（2枚）	￥645,750	
消費税（税率10%）	￥64,575	
当月お取引金額	￥710,325	

上記の通りご請求申し上げます。

6. インターネットバンキング振込受付結果表（指定どおり振込みが実行されている。）

長久銀行インターネットバンキング

振込受付結果　　20××/5/31 10:05:28

【支払口座】

支店名	科　目	口座番号
**支店	普通	****789

【ご依頼内容】

金融機関名	○○銀行
支店名	△△支店
科　目	当座
口座番号	****753
口座名義	グリーコウギョウ(カ
振込金額	1,099,161
振込手数料	440
引落金額	1,099,601
振込日	20××年5月31日

長久銀行インターネットバンキング

振込受付結果　　20××/5/31 10:07:30

【支払口座】

支店名	科　目	口座番号
**支店	普通	****789

【ご依頼内容】

金融機関名	◇◇銀行
支店名	××支店
科　目	普通
口座番号	****543
口座名義	アエリアルコウギョウ(カ
振込金額	879,522
振込手数料	440
引落金額	879,962
振込日	20××年5月31日

7. 預金通帳

預金通帳

	年 月 日	摘要	お支払金額	お預り金額	差引残高
1		繰越			4,534,818-
2	5月 8日	電話	8,492	深谷電信電話	4,526,326-
3	5月15日	電気	13,348	深谷電力	4,512,978-
4	5月15日	ガス	4,354	深谷ガス	4,508,624-
5	5月17日	預入		183,420	4,692,044-
6	5月22日	口座振替	8,680	アチーブ損保	4,683,364-
7	5月25日	引出	1,000,000	カード	3,683,364-
8	5月26日	クレジット	14,600	㈱イズミクレジット	3,668,764-
9	5月29日	携帯電話	27,711	深谷移動通信	3,641,053-
10	5月31日	家賃	240,000	深江エステート㈱	3,401,053-
11	5月31日	IB振込	1,099,161	グリーコウギョウ(カ	2,301,892-
12	5月31日	手数料	440	振込手数料	2,301,452-
13	5月31日	IB振込	879,522	アエリアルコウギョウ(カ	1,421,930-
14	5月31日	手数料	440	振込手数料	1,421,490-
15	5月31日	振込	㈱喜久井商事	1,508,325	2,929,815-
16	5月31日	振込	㈱弁天商事	907,725	3,837,540-
17	5月31日	振込	㈱銀杏商事	806,820	4,644,360-
18	5月31日	振込	㈱相生商事	1,310,400	5,954,760-
19					
20					

※5月22日のアチーブ損保は、自動車保険料の振替である。
※5月25日は、現金の引き出しである。

8. 減価償却月割額

減価償却月割額

20××年度

区分	年 額	月割額
車両運搬具	322,260	26,855
工具器具備品	138,528	11,544
合 計	460,788	38,399

9. 在庫表

在 庫 表

20××年 5月31日 現在

コード	商品名	数量	単価	金 額
xx-xxx	XXXXXX	XX	XXX	XXXX
xx-xxx	XXXXXX	XX	XXX	XXXX
xx-xxx	XXXXXX	XX	XXX	XXXX
xx-xxx	XXXXXX	XX	XXX	XXXX
	小計			2,319,015
	消費税(10%)			231,901
	合計金額			2,550,916

次の金額を答えなさい。なお、金額は消費税を含んだ金額とすること。（単位は円）

設問1

No.	問題および語群
6	現金の5月末残高
7	預り金の5月末残高
8	5月末の資産合計
9	5月の総売上高
10	5月の総仕入高
11	5月の販売費および一般管理費合計
12	5月末における営業利益
13	（株）弁天商事に対する売掛金の5月の回収額
14	（株）相生商事に対する売掛金の5月末残高
15	グリー工業（株）に対する買掛金の5月末残高

解答欄

No.6		No.7		No.8		No.9	
No.10		No.11		No.12		No.13	
No.14		No.15					

練習・模擬

次の設問に該当するものを、それぞれの語群から選んで解答欄に記入しなさい。

設問2

No.	問題および語群
16	5月における売上高が最も少なかった得意先は、[　　　　]である。 **解答群** ア. ㈱喜久井商事　　イ. ㈱弁天商事　　ウ. ㈱銀杏商事　　エ. ㈱相生商事
17	5月の消耗品費が4月に比較して多額となっている原因は、[　　　　]である。 **解答群** ア. 書籍購読料　　イ.清掃用具代　　ウ. 文房具代　　エ. パソコン購入
18	5月の保険料の内容は、[　　　　]である。 **解答群** ア. 自動車保険料　　イ. 火災保険料　　ウ. 旅行保険料　　エ. 社会保険料
19	租税公課の内容は、[　　　　]である。 **解答群** ア. 自動車税　　イ. 登録免許税　　ウ. 消費税　　エ. 収入印紙代
20	お茶の購入先は、[　　　　]である。 **解答群** ア. ステック商会　　イ. スーパーイレブン　　ウ. スーパーはやた　　エ. あけぼの堂

解答欄

No.16		No.17		No.18		No.19		No.20	

解答と解説／練習問題

 解答

知識問題

No.1	ア	No.2	イ	No.3	エ	No.4	イ	No.5	ウ
No.6	エ	No.7	ア	No.8	イ	No.9	ウ	No.10	エ
No.11	イ	No.12	エ	No.13	ア	No.14	イ	No.15	エ

実技問題

設問1

No.16	52,067円	No.17	3,459,060円	No.18	2,388,593円	No.19	1,658,118円
No.20	47,970,881円	No.21	15,972,510円	No.22	10,389,911円	No.23	16,102,134円
No.24	89,346円	No.25	4,459,305円				

設問2

No.26	ア	No.27	イ	No.28	ウ	No.29	エ	No.30	ア

 解説

実技問題 **1.問題文を読むと同時に、会計データの確認から行います。**

①補助科目が設定されている勘定科目およびその補助科目を事前に確認します。

　・補助科目内訳表：「会計帳票」−「内訳表」−「3.補助科目内訳表」

②問題文から入力対象取引が6月とあるため、集計期間を4〜6月とし、【画面】ボタンをクリックします。

③補助科目内訳表をスクロールし、補助科目が設定されている勘定科目を確認します。

　・補助設定勘定科目：普通預金・売掛金・立替金・買掛金・未払金・預り金・売上高

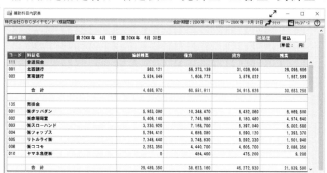

練習・模擬

④使用されている勘定科目を確認するため、合計残高試算表を開きます。

・合計残高試算表:「会計帳票」-「3.合計残高試算表」-「1.合計残高試算表」

⑤貸借対照表、損益計算書をそれぞれ確認し、使用されている勘定科目を確認します。

・貸借対照表科目:現金・現金2(レジ)・普通預金・売掛金・商品・立替金・車両運搬具・
工具器具備品・減価償却累計額・敷金差入保証金・買掛金・短期借入
金・未払金・未払費用・未払法人税等・預り金・長期借入金・資本金

・損益計算書科目:売上高・期首商品棚卸高・仕入高・期末商品棚卸高・荷造包装費・
広告宣伝費・交際費・役員報酬・給料手当・法定福利費・福利厚生費・
旅費交通費・通信費・消耗品費・事務用品費・水道光熱費・保険料・
地代家賃・支払手数料・租税公課・外注費・減価償却費・支払リース料

⑥「補助科目内訳表」、「合計残高試算表」は、入力後に確認資料として使用するため、この
まま開いたままでも構いません。

2. 取引の入力にあたり、資料の確認をし、入力方針を決定します。

※仕訳処理からすべての取引を入力することが可能であるが、過去の入力済みの取引や残高を確認する
ことができる利点を考慮し、取引の種類に応じた帳簿から入力を行う。また、帳簿入力の場合、相手科目
だけを入力するため、キー操作の省力化ができる。

資 料 1 :現金支払の領収証→現金出納帳(勘定科目=100 現金)から入力

①現金出納帳:「仕訳処理」-「3.帳簿入力」-「2.現金出納帳入力」

入力済み取引

※入力済み取引は、取引の入力に
あたり、使用科目や科目コード番
号など重要な参考情報であり、ま
た、複写して入力の省力化を図
ることもできるため、表示されな
い場合は、設定を変更する。

◆入力済み取引の表示方法

1.【F3設定】ボタンをクリックします。

2. 起動時の伝票表示について「表示しない」が指定されていた場合、「すべて表示する」に
変更し登録する。この場合は、一旦現金出納帳を閉じ、再度開くことで、入力済みの
取引が表示されます。

②問題文にある各資料を見ながら、取引を入力していきます。使用する科目が不明な場合や不安な場合は、入力済み取引欄をスクロールし、過去の入力内容を参考にします。

③科目を入力する場合、[スペース]キーで科目検索ダイアログが表示されます。

※科目には、インデックスの設定に科目名のローマ字が登録されています。科目コード番号ではなく、科目名をローマ字で呼び出す方法で入力する場合は、検索方式を「インデックス検索」に変更する必要があります。
※一度、インデックス検索を指定すれば、他の入力画面でも、インデックス検索に統一されます。

|資 料 2|：店頭売上関連資料→現金出納帳（勘定科目=101 現金2（レジ））から入力

入力済み取引と同様の取引を入力するため、複写機能を利用します。
①6月26日の本日のショップ売上の行をダブルクリックします。

②開かれたダイアログにある【複写】ボタンをクリックします。

③日付と金額を修正し、登録します。
④6月30日の取引も同様の手順で入力します。

|資 料 3|：給料振込→過去の入力内容を確認する。

①合計残高試算表（損益計算書）の給料勘定をダブルクリックします。
②ジャンプダイアログにある【元帳】ボタンをクリックします。

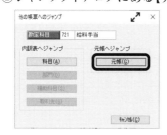

③5月度給与の行をダブルクリックします。

④5月分給料支払の取引が仕訳処理画面で開かれました。【F6複写】ボタンをクリックします。

⑤資料から6月の給料支給日および各取引金額を読み取り、入力し、登録します。

| 資 料 4 |：預金通帳→過去の入力内容を確認しながら、取引を入力しましょう。

①預金出納帳：「仕訳処理」-「3.帳簿入力」-「3.預金出納帳入力」
②勘定科目欄：「111」普通預金、補助科目欄：「1」北西銀行 を指定します。

③過去の入力内容を確認しながら、6月の残りの取引を入力します。
　※入力しながら、画面上の出納帳残高と資料の預金通帳残高が一致していることを確認します。
　※入力した取引が日付順になっていない場合は、【F7再集計】ボタンをクリックします。

④北西銀行の入力が終わったなら、一旦、【F12終了】ボタンをクリックし、改めて、普通預
　金・東南銀行を指定します。

⑤北西銀行と同様に、南西銀行の取引を入力します。

資料5：元帳→過去の入力内容を確認しながら、取引を入力しましょう。

①元帳：「仕訳処理」-「3.帳簿入力」-「4.元帳入力」
②勘定科目欄：「500」売上高、補助科目欄：「1」顧客売上を指定します。

③5月31日の入力内容を見ながら、6月30日の取引を入力します。
　または、複写機能を利用することも可能です。

資料6：元帳→過去の入力内容を確認しながら、取引を入力しましょう。

①資料5の入力を完了し、【F12終了】ボタンをクリックし、勘定科目を再指定します。「604」仕入高

②5月31日の入力内容を見ながら、6月30日の仕入取引を入力します。
　または、複写機能を利用することも可能です。
　※直前の入力取引と同じ科目を再度指定する場合は、[Enter]キーで複写されます。

③仕入取引の入力が完了したならば、【F12終了】ボタンをクリックし、
　「758」外注費、「701」荷造包装費と続けて入力します。

◆インデックスを使用した勘定科目の指定手順
　1. 勘定科目欄をクリック後、[スペース]キーで、科目検索ダイアログを表示します。
　2. インデックス指定欄をクリックし、科目の頭文字を入力します。「ni」
　3. 対象の科目が検索結果に表示されたなら、[Enter]キーを押して、検索結果欄に移動します。
　4. [↓]キーを押して、対象の科目を青く反転させ、[Enter]キーで確定します。

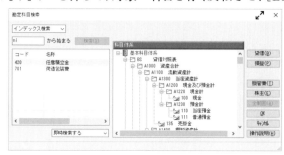

練習・模擬

資 料 7 ：元帳→過去の入力内容を確認しながら、取引を入力しましょう。

①資料6の入力を完了し、【F12終了】ボタンをクリックし、勘定科目を再指定します。「160」商品

②5月31日の取引行をダブルクリックし、【F6複写】ボタンを活用し、入力しましょう。

資 料 8 ：元帳→過去の入力内容を確認しながら、取引を入力しましょう。

①資料7の入力を完了し、【F12終了】ボタンをクリックし、勘定科目を再指定します。
　「230」減価償却累計額

②5月31日の取引行をダブルクリックし、【F6複写】ボタンを活用し、入力しましょう。

実技問題に対する解答アプローチ

　合計残高試算表と補助科目内訳表を一通り全体的に確認し、入力ミス等の無いことを検討した後、各設問に解答しましょう。

No.	設問内容	調査対象	確認資料		
			元帳	補助科目内訳表	合計残高試算表
16	現金の残高	勘定科目残高	○※1	×	◎
17	得意先に対する売掛金残高	補助科目残高	○	◎※2	×
18	減価償却累計額	勘定科目残高	○	×	◎
19	仕入先に対する買掛金残高	補助科目残高	○	○	×
20	負債合計	区分集計値	×	×	○
21	売上総額	区分集計値	×	×	○
22	売上原価	区分集計値	×	×	○
23	売上総利益	区分集計値	×	×	○
24	水道光熱費残高	勘定科目残高	○	×	◎
25	販売費および一般管理費合計	区分集計値	×	×	○
26	売上分析	入力値	○	○※3	×
27	仕入分析	入力値	○	○※4	×
28	費用分析	入力値	○	×	×
29	費用分析	入力値	○	×	×
30	費用分析	入力値	○	×	×

※1：現金出納帳も可。
※2：補助科目内訳表で、売掛金の全貌を確認することで、入力ミス等の確認も同時に可能。
※3：売上高勘定に得意先別で補助科目が作成されている場合は、可。
　　売掛金勘定に得意先別で補助科目が作成されている場合、補助科目内訳表の借方金額が売上高と認められるが、念のため元帳も、確認を要す。
※4：仕入高勘定に仕入先別で補助科目が作成されている場合は、可。
　　買掛金勘定に仕入先別で補助科目が作成されている場合、補助科目内訳表の貸方金額が仕入高と認められるが、元帳も念のため、確認を要す。

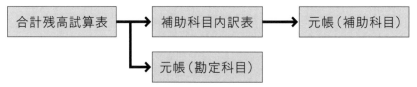

- ・合計残高試算表は、勘定科目の前月繰越額・当月増加額・当月減少額・当月繰越額が表示されます。
- ・合計残高試算表から、補助科目設定がある勘定科目については、補助科目内訳表にジャンプできます。
- ・合計残高試算表から、元帳（勘定科目別）にダブルクリックでジャンプできます。
- ・補助科目内訳表から、元帳（補助科目別）にダブルクリックでジャンプできます。
- ・設問の内容から、調査対象を理解し、適切に該当する帳票を開きましょう。

練習・模擬

5 解答と解説／模擬試験問題A・B

5-1 解答／問題A

知識問題

No.1	イ	No.2	ウ	No.3	ウ	No.4	イ	No.5	ウ

実技問題

設問1

No.6	74,011円	No.7	1,296,960円	No.8	15,647,688円	No.9	10,691,100円
No.10	4,707,360円	No.11	571,796円	No.12	1,657,984円	No.13	2,133,600円
No.14	896,700円	No.15	2,546,250円				

設問2

No.16	エ	No.17	エ	No.18	ウ	No.19	エ	No.20	エ

5-2 解答／問題B

知識問題

No.1	ウ	No.2	イ	No.3	ウ	No.4	イ	No.5	エ

実技問題

設問1

No.6	101,228円	No.7	97,120円	No.8	14,967,983円	No.9	5,235,606円
No.10	2,271,045円	No.11	1,502,211円	No.12	2,027,674円	No.13	907,725円
No.14	1,419,876円	No.15	1,560,720円				

設問2

No.16	ア	No.17	エ	No.18	ア	No.19	エ	No.20	イ

5-3 解説／問題A

知識問題

No.1：元帳　　No.2：総合振込依頼書控　　No.3：貸借対照表　　No.4：残高試算表　　No.5：売掛金

実技問題

1. 問題文を読むと同時に、会計データの確認から行います。

① 補助科目が設定されている勘定科目およびその補助科目を事前に確認します。
　　・補助科目内訳表：「会計帳票」–「内訳表」–「3.補助科目内訳表」

② 問題文から入力対象取引が5月とあるため、集計期間を5月とし、【画面】ボタンをクリック。

③補助科目内訳表をスクロールし、補助科目が設定されている勘定科目を確認します。
　・補助設定勘定科目：普通預金・売掛金・買掛金

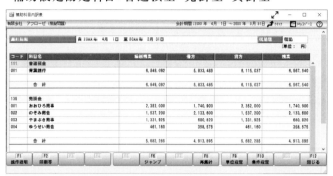

④使用されている勘定科目を確認するため、合計残高試算表を開きます。
　・合計残高試算表：「会計帳票」−「3.合計残高試算表」−「1.合計残高試算表」

⑤貸借対照表、損益計算書をそれぞれ確認し、使用されている勘定科目を確認します。
　・貸借対照表科目：現金・普通預金・売掛金・商品・車両運搬具・工具器具備品・
　　　　　　　　　　減価償却累計額・敷金差入保証金・買掛金・短期借入金・未払金・
　　　　　　　　　　預り金・資本金・繰越利益剰余金
　・損益計算書科目：売上高・期首商品棚卸高・仕入高・期末商品棚卸高・広告宣伝費・
　　　　　　　　　　交際費・給料手当・法定福利費・旅費交通費・通信費・消耗品費・水道
　　　　　　　　　　光熱費・保険料・地代家賃・支払手数料・租税公課・減価償却費・雑費

⑥「補助科目内訳表」、「合計残高試算表」は、入力後に確認資料として使用するため、この
　まま開いたままでも構いません。

2. 取引の入力にあたり、資料の確認をし、入力方針を決定します。

※仕訳処理からすべての取引を入力することが可能であるが、過去の入力済みの取引や残高を確認する
　ことができる利点を考慮し、取引の種類に応じた帳簿から入力を行う。また、帳簿入力の場合、相手科目
　だけを入力するため、キー操作の省力化ができる。

　資　料　1 ：現金支払の領収証→現金出納帳（勘定科目＝100 現金）から入力

①現金出納帳：「仕訳処理」−「3.帳簿入力」−「2.現金出納帳入力」

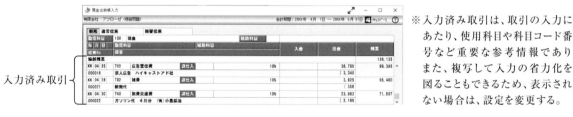

入力済み取引

※入力済み取引は、取引の入力に
　あたり、使用科目や科目コード番
　号など重要な参考情報であり、
　また、複写して入力の省力化を
　図ることもできるため、表示され
　ない場合は、設定を変更する。

◆入力済み取引の表示方法
　1. 【F3設定】ボタンをクリックします。

　2. 起動時の伝票表示について「表示しない」が指定されていた場合、「すべて表示する」に
　　　変更し登録する。この場合は、一旦現金出納帳を閉じ、再度開くことで、入力済みの
　　　取引が表示されます。

②問題文にある各資料を見ながら、取引を入力していきます。使用する科目が不明な場合や不安な場合は、入力済み取引欄をスクロールし、過去の入力内容を参考にします。

③科目を入力する場合、[スペース]キーで科目検索ダイアログが表示されます。

※科目には、インデックスの設定に科目名のローマ字が登録されています。科目コード番号ではなく、科目名をローマ字で呼び出す方法で入力する場合は、検索方式を「インデックス検索」に変更する必要があります。
※一度、インデックス検索を指定すれば、他の入力画面でも、インデックス検索に統一されます。

| 資 料 2 |：売上伝票→過去の入力内容を確認する。

①資料に、現金で受領と記述があるため、資料2の入力と同様、現金出納帳で処理をします。
②入力済み取引をスクロールし、過去の現金売上の取引を確認します。

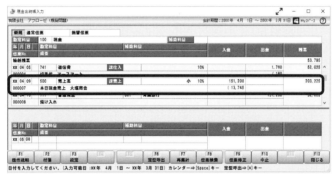

③複写機能を利用して入力する場合は、該当行をダブルクリックします。
④【複写】ボタンをクリックし、入力行に表示された仕訳の日付・摘要・金額を修正し、登録します。

| 資 料 3 |：給料振込→過去の入力内容を確認する。

①合計残高試算表(損益計算書)の給料手当勘定をダブルクリックします。
②ジャンプダイアログにある【元帳】ボタンをクリックします。

③4月分給与の行をダブルクリックします。

④4月分給料支払の取引が仕訳処理画面で開かれました。【F6複写】ボタンをクリックします。

⑤資料から5月の給料支給日および各取引金額を読み取り、入力し、登録します。

資料4：元帳→過去の入力内容を確認しながら、取引を入力しましょう。

①元帳：「仕訳処理」-「3.帳簿入力」-「4.元帳入力」
②勘定科目欄：「500」売上高 を指定します。

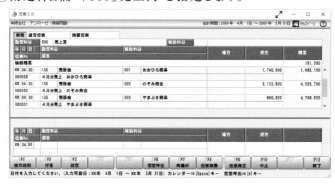

③4月30日の入力内容を見ながら、5月31日の取引を入力します。

　または、複写機能を利用することも可能です。

　合計残高試算表(4～5月)の売上高勘定の行をダブルクリックし、元帳を表示する方法も可です。

資料 5 ：元帳→過去の入力内容を確認しながら、取引を入力しましょう。

①資料4の入力を完了し、【F12終了】ボタンをクリック後、勘定科目を再指定します。「604」仕入高

②5月31日の入力内容を見ながら、6月30日の仕入取引を入力します。

または、複写機能を利用することも可能です。

※直前の入力取引と同じ科目を再度指定する場合は、[Enter]キーで複写されます。

資料 6

総合振込依頼書の振込指定日を見ると、5月31日となっています。

・資料7の預金通帳を確認すると、05-31 総合振込　として記帳されています。

・資料7の入力資料として利用することが判明しました。

資料 7 ：預金通帳→過去の入力内容を確認しながら、取引を入力しましょう。

①預金出納帳：「仕訳処理」-「3.帳簿入力」-「3.預金出納帳入力」

②勘定科目欄：「111」普通預金、補助科目欄：「1」青葉銀行 を指定します。

③預金出納帳の最終残高6,567,540円と預金通帳の残高欄を確認し、入力開始行を特定します。

過去の入力内容を確認しながら、5月の取引を入力します。

※入力しながら、画面上の出納帳残高と資料の預金通帳残高が一致していることを確認します。

※入力した取引が日付順になっていない場合は、【F7再集計】ボタンをクリックします。

④5月30日まで入力した後、資料6の取引を入力するため、預金出納帳上で資料6と同様の

前月分取引を探し、ダブルクリックします。

⑤【複写】ボタンをクリックします。

⑥メッセージを確認します。

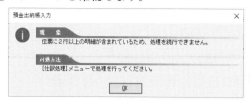

※2行以上の明細が含まれる仕訳は、
仕訳処理(振替伝票)でのみ、処理可能です。

⑦預金出納帳画面を残したまま、仕訳伝票リスト画面を開きます。
集計期間を4月〜4月として、【画面】ボタンをクリックします。

⑧開かれた仕訳伝票リスト画面をスクロールし、4月30日の振込の仕訳を探し、
ダブルクリックします。

⑨開かれた4月30日の振替伝票の内容を確認し、【F6複写】ボタンをクリックします。
⑩日付、金額、摘要を修正し、登録します。
⑪仕訳処理画面を閉じ、預金出納等画面に戻り、預金通帳の残りの取引を入力します。

資 料 8 ：元帳→過去の入力内容を確認しながら、取引を入力しましょう。

①元帳：「仕訳処理」−「3.帳簿入力」−「4.元帳入力」
②[スペース]キーで科目検索ダイアログを開き、インデックス欄に「sy」と入力し、
「160」商品を指定します。

③4月30日の入力内容を確認しながら、5月分棚卸の入力を行い、登録します。

元 帳

日　付	勘定科目	補助科目	借　方	貸　方
伝票番号	摘　要			
5月31日	期末商品棚卸高			785,400
	前月末棚卸高　再振替			

日　付	勘定科目	補助科目	借　方	貸　方
伝票番号	摘　要			
5月31日	期末商品棚卸高		1,296,960	
	当月末棚卸　振替			

資 料 9 ：元帳→過去の入力内容を確認しながら、取引を入力しましょう。

①資料8の入力を完了し、【F12終了】ボタンをクリックし、勘定科目を再指定します。

「230」減価償却累計額

②4月30日の入力内容を確認しながら、5月の入力を行います。

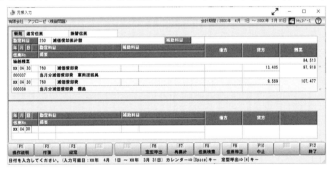

実技問題に対する解答アプローチ

　　合計残高試算表と補助科目内訳表を一通り全体的に確認し、入力ミス等の無いことを検討した後、各設問に解答しましょう。

No.	設問内容 ※括弧書きは、B問題	調査対象	確認資料		
			元帳	補助科目内訳表	合計残高試算表
6	現金の残高	勘定科目残高	○※1	×	◎
7	商品残高（預り金の残高）	勘定科目残高	○	×	◎
8	資産合計	区分集計値	×	×	○
9	売上累計額（売上総額）	区分集計値	○	×	◎
10	仕入総額	区分集計値	○	×	◎
11	販売費および一般管理費合計	区分集計値	×	×	○
12	当期純利益（営業利益）	区分集計値	×	×	○
13	売掛金回収額	入力値	◎	○※2	×
14	水道光熱費残高	勘定科目残高	○	×	◎
	（売掛金残高）	（補助科目残高）	○	○	×
15	買掛金残高	補助科目残高	○	○	×
16	売上分析	入力値	○	○※3	×
17	費用分析	入力値	○	×	×
18	費用分析	入力値	○	×	×
19	費用分析	入力値	○	×	×
20	費用分析	入力値	○	×	×

※1：現金出納帳も可。

※2：補助科目内訳表で、売掛金の全貌を確認することで、入力ミス等の確認も同時に可能。

※3：売上高勘定に得意先別で補助科目が作成されている場合は、可。
売掛金勘定に得意先別で補助科目が作成されている場合、補助科目内訳表の借方金額が売上高と認められるが、元帳も念のため、確認を要す。

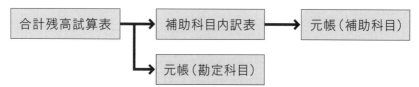

・合計残高試算表は、勘定科目の前月繰越額・当月増加額・当月減少額・当月繰越額が表示されます。

・合計残高試算表から、補助科目設定がある勘定科目については、補助科目内訳表にジャンプできます。

・合計残高試算表から、ダブルクリックで、元帳（勘定科目別）にジャンプできます。

・補助科目内訳表から、ダブルクリックで、元帳（補助科目別）にジャンプできます。

・設問の内容から、調査対象を理解し、適切に該当する帳票を開きましょう。

仕訳解答例

■第4章 仕訳解答例

例題	日付	借方科目	借方金額	貸方科目	貸方金額	摘要
1	5月20日	消耗品費	869	現金	869	雑誌代
2	5月20日	普通預金/北西銀行	2,547,490	売掛金/㈱ダッパダン	2,547,490	㈱ダッパダン　振込　3月分
	5月20日	普通預金/北西銀行	3,072,410	売掛金/㈱赤珊瑚堂	3,072,410	㈱赤珊瑚堂　振込　3月分
3	5月20日	現金	4,762,890	売掛金/リトルライ㈱	4,762,890	リトルライ㈱　小切手　3月分
	5月20日	現金	967,450	売掛金/㈱ココモ	967,450	㈱ココモ　小切手　3月分
	5月20日	普通預金/北西銀行	5,730,340	現金	5,730,340	小切手預け入れ　2件
4	5月20日	未払費用/労働保険料	13,473	普通預金/北西銀行	276,100	労働保険料　納付
	5月20日	立替金/雇用保険料	83,640			雇用保険　今年度分
	5月20日	法定福利費	132,430			雇用保険　今年度分
	5月20日	法定福利費	46,557			労災保険　今年度分
5	5月20日	普通預金/東南銀行	33,832	売掛金/ヤマネ急便㈱	35,700	ヤマネ急便　振込入金
	5月20日	支払手数料	1,428			ヤマネ急便　集金手数料
	5月20日	支払手数料	440			ヤマネ急便　振込手数料
6	5月20日	水道光熱費	6,838	普通預金/東南銀行	6,838	水道代　口座振替
7	5月20日	売掛金/㈱ダッパダン	2,277,770	売上高/顧客売上	2,277,770	㈱ダッパダン　1-20分（請求2,809,510円）
	5月20日	売掛金/㈱赤珊瑚堂	1,002,650	売上高/顧客売上	1,002,650	㈱赤珊瑚堂　1-20分（請求1,593,790円）
	5月20日	売掛金/㈱スローハンド	1,236,950	売上高/顧客売上	1,236,950	㈱スローハンド1-20分（請求1,892,000円）
8	5月21日	売掛金/ヤマネ急便㈱	2,900	売上高/ネット売上	2,900	インターネット受注　1件
9	5月21日	現金2（レジ）	17,500	売上高/ショップ売上	17,500	本日のショップ売上
	5月21日	普通預金/東南銀行	17,500	現金2（レジ）	17,500	売上金預け入れ　夜間金庫
10	5月22日	旅費交通費	750	現金	750	駐車料
11	5月22日	現金2（レジ）	22,900	売上高/ショップ売上	22,900	本日のショップ売上
	5月22日	普通預金/東南銀行	22,900	現金2（レジ）	22,900	売上金預け入れ　夜間金庫
12	5月23日	売掛金/ヤマネ急便㈱	4,600	売上高/ネット売上	4,600	インターネット受注　1件
13	5月23日	交際費	24,400	現金	24,400	寿司屋の倫太郎　グランデザイン工房/鈴木
14	5月24日	旅費交通費	600	現金	600	駐車料
15	5月25日	旅費交通費	640	現金	640	電車代
16	5月25日	長期借入金	500,000	普通預金/北西銀行	562,500	借入返済
	5月25日	支払利息	62,500			返済利息
17	5月25日	未払金/ヤマネ急便㈱	36,225	普通預金/東南銀行	36,225	ヤマネ急便㈱　口座振替　4月分
	5月25日	普通預金/東南銀行	6,980	売掛金/ヤマネ急便㈱	7,500	ヤマネ急便　振込入金
	5月25日	支払手数料	300			ヤマネ急便　集金手数料
	5月25日	支払手数料	220			ヤマネ急便　振込手数料
18	5月26日	旅費交通費	6,000	現金	6,000	ガソリン代
19	5月26日	水道光熱費	18,964	普通預金/東南銀行	18,964	電気代　口座振替
20	5月26日	現金2（レジ）	8,200	売上高/ショップ売上	8,200	本日のショップ売上
	5月26日	普通預金/東南銀行	8,200	現金2（レジ）	8,200	売上金預け入れ　夜間金庫
21	5月27日	事務用品費	2,530	現金	2,530	文具代　アンOAサプライ
22	5月27日	売掛金/ヤマネ急便㈱	11,500	売上高/ネット売上	11,500	インターネット受注　1件
23	5月27日	旅費交通費	22,800	普通預金/東南銀行	22,800	自動車保険　アイワイ保険
	5月27日	水道光熱費	3,613	普通預金/東南銀行	3,613	ガス代　口座振替
24	5月27日	現金2（レジ）	15,200	売上高/ショップ売上	15,200	本日のショップ売上
	5月27日	普通預金/東南銀行	15,200	現金2（レジ）	15,200	売上金預け入れ　夜間金庫
25	5月28日	旅費交通費	500	現金	500	駐車料
26	5月28日	現金2（レジ）	18,400	売上高/ショップ売上	18,400	本日のショップ売上
	5月28日	普通預金/東南銀行	18,400	現金2（レジ）	18,400	売上金預け入れ　夜間金庫
27	5月29日	旅費交通費	1,300	現金	1,300	駐車料
28	5月29日	消耗品費	3,925	現金	3,925	新聞代　5月分
29	5月29日	現金2（レジ）	23,200	売上高/ショップ売上	23,200	本日のショップ売上
	5月29日	普通預金/東南銀行	23,200	現金2（レジ）	23,200	売上金預け入れ　夜間金庫
30	5月30日	旅費交通費	6,000	現金	6,000	ガソリン代
31	5月30日	普通預金/東南銀行	10,820	売掛金/ヤマネ急便㈱	11,500	ヤマネ急便　振込入金
	5月30日	支払手数料	460			ヤマネ急便　集金手数料
	5月30日	支払手数料	220			ヤマネ急便　振込手数料
32	5月31日	通信費	41,211	普通預金/東南銀行	41,211	携帯電話代　口座振替
33	5月31日	普通預金/北西銀行	3,295,050	売掛金/㈱フォップス	3,295,710	㈱フォップス　振込　3月分
	5月31日	支払手数料	660			㈱フォップス　振込料
	5月31日	普通預金/北西銀行	2,833,050	売掛金/㈱スローハンド	2,833,710	㈱スローハンド　振込　4月分
	5月31日	支払手数料	660			スローハンド　振込料
34	5月31日	地代家賃	440,000	普通預金/北西銀行	440,000	モリエステート㈱　振込　家賃振込
35	5月31日	預り金/社会保険料	279,225	普通預金/北西銀行	565,614	4月度社会保険料
	5月31日	未払費用/社会保険料	286,389			4月度社会保険料

例題	日付	借方科目	借方金額	貸方科目	貸方金額	摘要
36	5月31日	役員報酬	1,100,000	預り金/社会保険料	279,225	5月度給与
	5月31日	給料手当	1,176,094	預り金/源泉所得税	79,670	5月度給与
	5月31日	旅費交通費	35,260	立替金/雇用保険料	2,987	5月度給与
	5月31日	支払手数料	2,200	普通預金/北西銀行	1,951,672	5月度給与　振込
37	5月31日	売掛金/㈱ノオッブス	1,393,370	売上高/顧客売上	1,393,370	㈱ノオッブス　5月分売上
	5月31日	売掛金/リトルライ㈱	1,501,940	売上高/顧客売上	1,501,940	リトルライ㈱　5月分売上
	5月31日	売掛金/㈱ココモ	2,088,350	売上高/顧客売上	2,088,350	㈱ココモ　5月分売上
38	5月31日	仕入高	2,074,600	買掛金/ザック金属㈱	2,074,600	ザック金属㈱　5月分仕入高
	5月31日	仕入高	284,526	買掛金/㈲JHI	284,526	㈲JHI　5月分仕入高
	5月31日	仕入高	675,950	買掛金/デジテクチャ㈱	675,950	デジテクチャ㈱　5月分仕入高
	5月31日	仕入高	1,985,159	買掛金/クォーレ工業	1,985,159	クォーレ工業　5月分仕入高
	5月31日	外注費	264,033	未払金/㈲クラフト設計	264,033	㈲クラフト設計　5月分デザイン料
	5月31日	外注費	250,288	未払金/サンポイント㈱	250,288	サンポイント㈱　5月分デザイン料
	5月31日	外注費	523,908	未払金/㈱フリーライン	523,908	㈱フリーライン　5月分デザイン料
	5月31日	荷造包装費	18,480	未払金/ヤマネ急便㈱	18,480	ヤマネ急便㈱　5月分

■練習問題 仕訳解答例

日付	借方科目	借方金額	貸方科目	貸方金額	摘要
6月28日	交際費	32,000	現金	32,000	飲食代 葵寿司
6月29日	消耗品費	3,925	現金	3,925	書籍代
6月30日	旅費交通費	6,000	現金	6,000	ガソリン代
6月30日	旅費交通費	600	現金	600	駐車料
6月30日	旅費交通費	1,420	現金	1,420	タクシー代
6月30日	旅費交通費	760	現金	760	電車代
6月29日	現金2（レジ）	9,800	売上高／ショップ売上	9,800	本日のショップ売上
6月29日	普通預金／東南銀行	9,800	現金2（レジ）	9,800	売上金預け入れ 夜間金庫
6月30日	現金2（レジ）	38,600	売上高／ショップ売上	38,600	本日のショップ売上
6月30日	普通預金／東南銀行	38,600	現金2（レジ）	38,600	売上金預け入れ 夜間金庫
6月30日	役員報酬	1,100,000	預り金／社会保険料	279,225	6月度給与
	給料手当	1,261,686	預り金／源泉所得税	83,790	6月度給与
	旅費交通費	35,260	預り金／住民税	29,600	6月度給与
			立替金／雇用保険料	3,177	6月度給与
	支払手数料	2200	普通預金／北西銀行	2,003,354	6月度給与振込
6月30日	普通預金／北西銀行	1,891,340	売掛金／㈱スローハンド	1,892,000	㈱スローハンド 振込 5月分
	支払手数料	660			㈱スローハンド 振込料
6月30日	普通預金／北西銀行	1,392,710	売掛金／㈱フォッブス	1,393,370	㈱フォッブス 振込 4月分
	支払手数料	660			㈱フォッブス 振込料
6月30日	地代家賃	440,000	普通預金／北西銀行	440,000	モリエステート㈱ 振込 家賃振込
6月30日	預り金／社会保険料	279,225	普通預金／北西銀行	565,614	5月度社会保険料
	未払費用／社会保険料	286,389			5月度社会保険料
6月30日	短期借入金	10,000,000	普通預金／北西銀行	10,000,000	手形借入 期日落ち
6月28日	保険料	22,800	普通預金／東南銀行	22,800	自動車保険 アイワイ保険
6月28日	水道光熱費	19,848	普通預金／東南銀行	19,848	電気代 口座振替
6月28日	水道光熱費	3,584	普通預金／東南銀行	3,584	ガス代 口座振替
6月30日	通信費	37,487	普通預金／東南銀行	37,487	携帯電話代 口座振替
6月30日	売掛金／㈱フォッブス	1,942,490	売上高／顧客売上	1,942,490	㈱フォッブス 6月分売上
6月30日	売掛金／リトルライ㈱	2,004,970	売上高／顧客売上	2,004,970	リトルライ㈱ 6月分売上
6月30日	売掛金／㈱ココモ	1,548,800	売上高／顧客売上	1,548,800	㈱ココモ 6月分売上
6月30日	売掛金／㈱ダッパダン	336,270	売上高／顧客売上	336,270	㈱ダッパダン 6月21-30日分
6月30日	売掛金／㈱赤珊瑚堂	931,150	売上高／顧客売上	931,150	㈱赤珊瑚堂 6月21-30日分
6月30日	売掛金／㈱スローハンド	348,480	売上高／顧客売上	348,480	㈱スローハンド 6月21-30日分
6月30日	仕入高	672,650	買掛金／花岡メタル㈲	672,650	花岡メタル㈲ 6月分仕入高
6月30日	仕入高	1,042,294	買掛金／デジテクチャ㈱	1,042,294	デジテクチャ㈱ 6月分仕入高
6月30日	仕入高	1,739,155	買掛金／クォーレ工業	1,739,155	クォーレ工業 6月分仕入高
6月30日	仕入高	1,373,592	買掛金／㈲JHI	1,373,592	㈲JHI 6月分仕入高
6月30日	仕入高	361,295	買掛金／ザック金属㈱	361,295	ザック金属㈱ 6月分仕入高
6月30日	仕入高	1,689,652	買掛金／上海交易有限公司	1,689,652	上海交易有限公司 6月分仕入高
6月30日	外注費	349,965	未払金／㈲クラフト設計	349,965	㈲クラフト設計 6月分デザイン料
6月30日	外注費	81,312	未払金／グランデザイン工房	81,312	グランデザイン工房 6月分デザイン料
6月30日	外注費	56,133	未払金／㈱フリーライン	56,133	㈱フリーライン 6月分デザイン料
6月30日	外注費	346,384	未払金／㈲マーカーズ	346,384	㈲マーカーズ 6月分デザイン料
6月30日	荷造包装費	24,675	未払金／ヤマネ急便㈱	24,675	ヤマネ急便㈱ 6月分
6月30日	期末商品棚卸高	22,456,841	商品	22,456,841	月次棚卸振替高
	商品	18,945,568	期末商品棚卸高	18,945,568	月次棚卸振替高
6月30日	減価償却費	72,000	減価償却累計額	72,000	当月分 車両運搬具 減価償却費
	減価償却費	30,601	減価償却累計額	30,601	当月分 器具備品 減価償却費

■模擬試験問題A 仕訳解答例

日付	借方科目	借方金額	貸方科目	貸方金額	摘要
5月6日	福利厚生費	2,520	現金	2,520	お茶代　L＆Mオオサキ
5月9日	租税公課	4,000	現金	4,000	収入印紙代　山本タバコ店
5月10日	通信費	4,800	現金	4,800	切手代　アースマート
5月12日	消耗品費	24,800	現金	24,800	携帯電話代　サイトウ電器
5月16日	広告宣伝費	8,850	現金	8,850	折込広告代　ビート広告社
5月18日	消耗品費	1,960	現金	1,960	文具代　敬文堂
5月20日	交際費	24,600	現金	24,600	接待飲食代　レストラン大賀
5月24日	消耗品費	7,770	現金	7,770	整理棚　ショッピングシマダ
5月26日	交際費	13,200	現金	13,200	接待飲食代　居酒屋ちどり
5月26日	福利厚生費	2,380	現金	2,380	珈琲代　ビクトルコーヒー
5月31日	通信費	880	現金	880	郵送代　本町郵便局
5月31日	旅費交通費	28,641	現金	28,641	ガソリン代5月分　(有)小島鉱油
5月6日	現金	177,555	売上高	177,555	現金売上　大崎商事
5月25日	給料手当	182,200	現金	182,200	給料支払　5月分
5月25日	現金	6,460	預り金	6,460	給料支払　5月分　源泉所得税
5月31日	売掛金/おおひろ商事	1,937,250	売上高	1,937,250	おおひろ商事　5月分
5月31日	売掛金/のぞみ商会	2,324,700	売上高	2,324,700	のぞみ商会　5月分
5月31日	売掛金/やまぶき商事	896,700	売上高	896,700	やまぶき商事　5月分
5月31日	売掛金/ゆうせい商会	289,800	売上高	289,800	ゆうせい商会　5月分
5月31日	仕入高	2,546,250	買掛金/アイル工業	2,546,250	アイル工業　5月分
5月31日	仕入高	2,161,110	買掛金/トモロ工業	2,161,110	トモロ工業　5月分
5月31日	買掛金/アイル工業	1,786,280	普通預金/青葉銀行	1,786,280	アイル工業　振込
5月31日	支払手数料	440	普通預金/青葉銀行	440	アイル工業　振込手数料
5月31日	買掛金/トモロ工業	1,727,880	普通預金/青葉銀行	1,727,880	トモロ工業　振込
5月31日	支払手数料	440	普通預金/青葉銀行	440	トモロ工業　振込手数料
5月6日	現金	300,000	普通預金/青葉銀行	300,000	引き出し
5月6日	通信費	28,465	普通預金/青葉銀行	28,465	携帯電話代
5月9日	通信費	13,235	普通預金/青葉銀行	13,235	電話料
5月25日	水道光熱費	2,360	普通預金/青葉銀行	2,360	水道代
5月26日	普通預金/青葉銀行	175,000	現金	175,000	預け入れ
5月27日	保険料	7,950	普通預金/青葉銀行	7,950	アンシン自動車保険
5月27日	水道光熱費	16,330	普通預金/青葉銀行	16,330	電気代
5月30日	水道光熱費	5,011	普通預金/青葉銀行	5,011	ガス代
5月31日	未払金	61,320	普通預金/青葉銀行	61,320	セイコーキャピタル
5月31日	地代家賃	168,000	普通預金/青葉銀行	168,000	アサヒ不動産
5月31日	普通預金/青葉銀行	1,740,900	売掛金/おおひろ商事	1,740,900	おおひろ商事　振込
5月31日	普通預金/青葉銀行	2,133,600	売掛金/のぞみ商会	2,133,600	のぞみ商会　振込
5月31日	普通預金/青葉銀行	680,820	売掛金/やまぶき商事	680,820	やまぶき商事　振込
5月31日	普通預金/青葉銀行	358,575	売掛金/ゆうせい商会	358,575	ゆうせい商会　振込
5月31日	期末商品棚卸高	785,400	商品	785,400	前月末棚卸高　再振替
5月31日	商品	1,296,960	期末商品棚卸高	1,296,960	当月棚卸高　振替
5月31日	減価償却費	22,964	減価償却累計額	22,964	当月分減価償却費

■模擬試験問題B 仕訳解答例

日付	借方科目	借方金額	貸方科目	貸方金額	摘要
5月1日	消耗品費	96,880	現金	96,880	パソコン購入代　ステック商会
5月2日	消耗品費	16,560	現金	16,560	文房具代　フレンド文具店
5月2日	広告宣伝費	32,400	現金	32,400	雑誌広告代　アドメディア広告
5月9日	旅費交通費	13,200	現金	13,200	出張旅費　鈴木陽介
5月10日	租税公課	4,000	現金	4,000	収入印紙代　深江市郵便局
5月10日	交際費	17,440	現金	17,440	接待飲食代　魚屋鮮兵衛
5月11日	消耗品費	2,378	現金	2,378	清掃用具代　シーハンズ雑貨店
5月12日	福利厚生費	1,842	現金	1,842	お茶代　スーパーイレブン
5月15日	交際費	4,320	現金	4,320	贈答品　あけぼの堂
5月17日	福利厚生費	2,250	現金	2,250	コーヒー代　スーパーはやた
5月20日	支払手数料	19,440	現金	19,440	店舗清掃代　ファイン清掃社
5月24日	通信費	1,040	現金	1,040	はがき代　深江市郵便局
5月26日	通信費	1,600	現金	1,600	切手代　深江市郵便局
5月31日	消耗品費	4,037	現金	4,037	書籍購読料　蛍雪堂書店
5月31日	旅費交通費	24,960	現金	24,960	ガソリン代　バンク石油㈱
5月17日	現金	183,420	売上高	183,420	現金売上　小川和美
5月25日	給料手当	918,000	現金	918,000	5月分給料　4名
5月25日	現金	33,230	預り金	33,230	5月分給料　4名
5月31日	売掛金/㈱喜久井商事	931,500	売上高	931,500	㈱喜久井商事　当月分売上
5月31日	売掛金/㈱弁天商事	1,158,138	売上高	1,158,138	㈱弁天商事　当月分売上
5月31日	売掛金/㈱銀杏商事	1,542,672	売上高	1,542,672	㈱銀杏商事　当月分売上
5月31日	売掛金/㈱相生商事	1,419,876	売上高	1,419,876	㈱相生商事　当月分売上
5月31日	仕入高	1,560,720	買掛金/グリー工業㈱	1,560,720	グリー工業㈱　当月分仕入
5月31日	仕入高	710,325	買掛金/アエリアル工業㈱	710,325	アエリアル工業㈱　当月分仕入
5月8日	通信費	8,492	普通預金/長久銀行	8,492	電話料金　深谷電信電話
5月15日	水道光熱費	13,348	普通預金/長久銀行	13,348	電気料金　深谷電力
5月15日	水道光熱費	4,354	普通預金/長久銀行	4,354	ガス料金　深谷ガス
5月17日	普通預金/長久銀行	183,420	現金	183,420	預入
5月22日	保険料	8,680	普通預金/長久銀行	8,680	自動車保険料　アチーブ損保
5月25日	現金	1,000,000	普通預金/長久銀行	1,000,000	引出
5月26日	未払金	14,600	普通預金/長久銀行	14,600	㈱イズミクレジット
5月29日	通信費	27,711	普通預金/長久銀行	27,711	携帯電話料金　深谷移動通信
5月31日	地代家賃	240,000	普通預金/長久銀行	240,000	事務所家賃　深江エステート㈱
5月31日	買掛金/グリー工業㈱	1,099,161	普通預金/長久銀行	1,099,161	グリー工業㈱　振込
	支払手数料	440	普通預金/長久銀行	440	振込手数料
5月31日	買掛金/アエリアル工業㈱	879,522	普通預金/長久銀行	879,522	アエリアル工業㈱　振込
	支払手数料	440	普通預金/長久銀行	440	振込手数料
5月31日	普通預金/長久銀行	1,508,325	売掛金/㈱喜久井商事	1,508,325	㈱喜久井商事　振込
5月31日	普通預金/長久銀行	907,725	売掛金/㈱弁天商事	907,725	㈱弁天商事　振込
5月31日	普通預金/長久銀行	806,820	売掛金/㈱銀杏商事	806,820	㈱銀杏商事　振込
5月31日	普通預金/長久銀行	1,310,400	売掛金/㈱相生商事	1,310,400	㈱相生商事　振込
5月31日	減価償却費	26,855	減価償却累計額	26,855	車両運搬具　当月分月割
5月31日	減価償却費	11,544	減価償却累計額	11,544	工具器具備品　当月分月割
5月31日	期末商品及び製品棚卸高	2,932,261	商品	2,932,261	前月末棚卸額　振替
5月31日	商品	2,550,916	期末商品及び製品棚卸高	2,550,916	当月末棚卸額　振替

● 学習の準備

　本書の学習には、『勘定奉行 i 11』と学習データが必要です。株式会社オービックビジネスコンサルタント（以下OBC）のホームページよりダウンロードしてご利用ください。

　また、勘定奉行 i 11体験プログラムのダウンロードやセットアップ方法、学習データのダウンロードについては、OBCホームページの説明にしたがってください。

URL https://www.obc.co.jp/obcisp/kyozai

● 勘定奉行 i 11体験プログラムについて

●本ソフトウェアはテキストをご購入いただいた学校施設内に教育用として常備されているコンピューター以外にはインストールできません。

●本ソフトウェアはテキストをご購入いただいた教員ならびに学生以外が使用することはできません。また教員ならびに学生は学習以外の目的で使用することはできません。

●本ソフトウェアを第三者に転売・譲渡することはできません。

●本ソフトウェアでは検定試験を受験することはできません。

※**制限事項**／データのバックアップ、年度更新処理、データコンバートは、使用できません。
　　　　　　また、帳票印刷の際には、透かし（SAMPLE）があわせて印刷されます。

■主な動作環境（詳細はOBCホームページをご確認ください）

OS	Windows 11（日本語版）、Windows 10（日本語版） ※各OSの64ビットのみに対応しています。
インターネット	本製品は、インターネット接続環境が必要です。 ※本製品の奉行iメニュー画面上に、弊社からのお知らせ（法改正などの有益な情報）が表示されます。 　なお、非インターネット接続環境の場合は、最新のプログラムが提供された際やOMSS契約を更新する際に、手動でダウンロードして更新する作業が必要になります。
対応機種	プロセッサ：インテル Core i3 プロセッサ以上（推奨：インテル Core i5 プロセッサ以上） 　　　　　　または同等の互換プロセッサ メモリ　　：4GB 以上(推奨：8GB以上)
データベース	SQL Server 2019 Express Edition（日本語版） ※本製品では、SQL Server 2019 Express Edition をセットアップできます。 ※1データベース領域として、最大10GBまで使用できます。 ※本製品のデータベースとして、SQL Server 2019 の上位エディションを使用される場合は、SQL Server の 1クライアントライセンスが消費されますのでご注意ください。
ハードディスク	3GB以上必要（データは除く）
解像度	横1024 × 縦768 以上を推奨
周辺機器等	上記OSに対応した、本体に接続可能なディスプレイ・マウス・キーボード・日本語変換システム

● 学習データについて

本書の各章で使用する学習データは、以下のとおりです。
また解答データも用意しましたので学習の確認用として使用してください。

第1章 (P7)	株式会社OBCダイヤモンド (第1-2章)
第2章 (P19)	株式会社OBCダイヤモンド (第1-2章)
第3章 (P40)	株式会社OBCダイヤモンド (第3章) 株式会社OBCダイヤモンド (第3章-解答)
第4章 (P74)	株式会社OBCダイヤモンド (第4章) 株式会社OBCダイヤモンド (第4章-解答)
第5章 (P102)	株式会社OBCダイヤモンド (第5章)
練習問題 (P113)	株式会社OBCダイヤモンド (練習問題) 株式会社OBCダイヤモンド (練習問題-解答)
模擬問題A (P124)	有限会社アフローゼ (模擬問題A) 有限会社アフローゼ (模擬問題A-解答)
模擬問題B (P134)	株式会社白水物産 (模擬問題B) 株式会社白水物産 (模擬問題B-解答)

■本書・勘定奉行 i 11体験プログラムに関するお問合せ先

株式
会社 **オービックビジネスコンサルタント** OB新学期事務局

●お問い合わせWebフォーム

URL **https://www.obc.co.jp/obcs-contact**

※送信完了後、通常1営業日以内に回答いたします。(土日祝日その他弊社指定休日を除く)

― 禁無断転載 ―

日商 電子会計実務検定試験
対策テキスト 3級

平成17年 12月 5日 初版第1刷発行
令和 6年 2月15日 八版第1刷発行

■発行所　　株式会社 オービックビジネスコンサルタント
　　　　　　OB新学期事務局
　　　　　　〒163-6032　東京都新宿区西新宿6-8-1　住友不動産新宿オークタワー
　　　　　　http://www.obc.co.jp

■発　売　　実教出版株式会社
　　　　　　〒102-8377　東京都千代田区五番町5
　　　　　　TEL.03-3238-7777